公務員ホンネの仕事術

「人付き合い」は生存技術《サバイバルスキル》

堤 直規
NAOTADA TSUTSUMI

はじめに～公務員は「人付き合い」で失敗する

この本は、ホンネで書いた公務員の「人付き合い」ガイドです。

公務員の仕事は、結局のところ、「人付き合い」の良し悪しで大きく変わってしまうものです。職場における居心地も「人付き合い」に大きく左右されます。メンタルで心身を損なってしまう原因の多くは、残念ながら職場の人間関係です。

この本では、公務員の「人付き合い」のコツをホンネで書きました。公務員向けの自己啓発書はたくさんありますが、職場内外の人間関係に焦点を当てたものはほとんどありません。ホンネで書かれたものとなると本当にありません。多くの本に書かれているのは、きれいな「タテマエ」ばかりです。

公務員には高い倫理観が求められるので、「タテマエ」の理解は必要です。しかし、現実の問題の前では役に立たないことが多いことは知っておくべきです。なぜなら、ガイドを必要とする人たちは「人付き合い」が必ずしも得手ではないからです。「タテマエ」通りにやろうとしてできず、自信を失っていく若手を何人も見てきました。

公務員が失敗するのは、多くの場合、「人付き合い」のためです。単に仕事で失敗する人はいません。「人付き合い」ができていれば、必ずフォローがあるものだからです。能力があっても、「人付き合い」ができていないと、結局のところ、職場でも、他団体の職員や業者・市民・議員等との関係でも行き詰まってしまいます。一方、適度に小ズルい人たちは、うまく立ち回っていきます。

あなたが公務員として、公私共に楽しく充実した毎日を過ごしたければ、公務員のホンネの「人付き合い」を知る必要があります。「人付き合い」は公務員に必須のサバイバル術です。苦手な上司、面倒な同僚、反抗的な部下と同じ職場になっても乗り越える方法はあります。業者や市民・地域の関係者や議員の方々と良い「人付き合い」をすることも、ポイントさえ分かっていれば難しいことではありません。

公務員はなかなかホンネを話しません。だから、公務員の「人付き合い」は実地で痛い目に遭いながら身に付けるしかないのですが、それは危険な賭けです。異動の中で、いきなりとてつもなく面倒な人と仕事で関わることもあるからです。

私は、組合役員として、管理職として、また、本や雑誌連載の著者として、これまで延べ一千件を超える相談に乗ってきました。拙いながらも、経験を踏まえて『公務員1年目の教科書』、『公務員の「異動」の教科書』、『公務員の「出世」の作法』(いずれも学陽書房)と、成長して自分らしい公務員キャリアをつくるためのガイドも書いてきました。しかし、そうしたガイドだけでは、仕事や職場は必ずしもうまくいきません。繰り返しになりますが、公務員の仕事や職場の居心地は「人付き合い」に大きく左右されるからです。

私は、正直、「人付き合い」はあまり得意ではありません。しかし、その分「痛い目」には人一倍遭ってきました。その経験を踏まえて、タテマエではない、公務員のホンネの仕事術を「人付き合い」の側面から、3部に分けてお伝えします。

第1部「庁内編」では、上司・同僚・部下との「人付き合い」のポイントを説明します。「ダメ上司」「無責任上司」「気難しい上司」「細かい上司」には神経をすり減らされるものですが、「人付き合い」がうまくできれば、むしろチャンスとなります。

一方、「ウマの合う上司」「面倒見のよい上司」はありがたく、「やり手の上司」は頼もしい存在ですが、付き合い方を誤れば大変なことになります。同僚・部下との「人付き合い」にも、職場の中だけに、一般的な「人付き合い」とは異なったポイントがあります。そうしたことをホンネで説明していきます。

第2部「渉外編」では、国や他の自治体、業者やマスコミ、市民や地域、議員の方々との「人付き合い」について説明します。年数を経るにつれ、係長・課長と職層が上がるにつれて、またはエキスパート・スペシャリストとして内外に認められるようになるにつれて、対外的な人間関係がより重要になっていきます。端的に言えば、能力・実績と同じぐらい人脈が重要になり、その人の価値になってくるものです。それを左右するのは、若いうちからの「人付き合い」の積み重ねです。公務員には内向き志向の人が少なくありませんが、それでも無理なく「人付き合い」を広げ、重ねていくためのコツを、ホンネで説明していきます。

第3部「自己啓発編」では、庁内外での公務員同士の「人付き合い」をどう広げ、深めるかについて、また、研究者・学会・出版社や異業種・地域での学びの場での付き合い方について説明します。ダイヤモンドを磨けるのはダイヤモンドだけであるように、人を磨けるのも人でしかありません。ともすれば面倒な人間関係を楽しめるようにしながら、仕事でも役立つように広げ、深めていくには、ちょっとしたコツがあるのです。そうした人脈を持っていれば、仕事はもっと楽しくラクになります。

公務員の仕事は、結局のところ、「人付き合い」の良し悪しで大きく変わってきます。職場における居心地も「人付き合い」に大きく左右されます。仕事や職場での居心地を悪くするのも「人付き合い」ならば、仕事や職場を超えて、自治体の世界と地域で楽しく自分なりにやっていけるようにしてくれるのも、「人付き合い」です。

ようこそディープな公務員の「人付き合い」の世界へ。「人付き合い」は公務員が楽しく仕事をする上で不可欠な生存技術です。

ホンネで、時に赤裸々に書いていますので、本書の内容の取り扱いにはご注意ください。

堤　直規

公務員ホンネの仕事術～人付き合い編～　目次

第4章 付き合いの広げ方・保ち方 88

第2部 渉外編 109

第5章 他の自治体職員等との付き合い方 110

第1部

庁内編

第1章 上司との付き合い方

第2章 同僚との付き合い方

第3章 部下との付き合い方

第4章 付き合いの広げ方・保ち方

第1章

上司との付き合い方

① まず上司への「幻想」を捨てる

タテマエ　上司は人格と能力に優れた見習うべき存在である

ホンネ　上司とは、むしろ癖の強い存在である

上司との付き合い方に悩む若手は多い。

組織で仕事をするなら上司との付き合い方に熟達する必要がある。一人で独立してできる仕事はないからだ。まして、公務員には頻繁な異動がある。つまり、あなたは

毎年のように異なる上司の下で働き、定年までに何十人という上司に仕えるのだ。

この章では、いろいろな上司とどのように付き合うべきか、その実際上のコツを説明していくが、まず敵は自分の中にいることを知ってほしいと思う。

「上司は人格と能力に優れた存在」という思いは「幻想」である

誰もが、上司が完璧な存在などではないことは気付いている。頭では分かっている。にもかかわらず、上司があれをしてくれない、分かってくれないと悩み、怒る。しかし、人を変えることは難しい。まして、部下の側から上司を変えることはほとんど不可能に近い。だから、そう悩むのは自分から袋小路に入るのに等しい。それが分かるまで、私も随分と無駄に悩んだものだ。

私が市役所で働く前の上司の一人は、非常に強いリーダーだった。大局的に決断し、社内外に意見を通し、部下への統制は強力である。まさに「ボス」という感じで頼もしい存在だったが、別の言い方をすれば、部下の個性や考えには無頓着で、実務への理解も乏しかった。上層部の信頼は厚かったが、対外的には摩擦が絶えなかった。

このため、私も含めた当時のメンバーは、上司を頼りにしつつも、上司にもっと部下の意見も聴き、他部署とも協調してほしいと不満を覚えていた。しかし、考えてみれば当然だが、望遠鏡が顕微鏡の機能を併せ持つことはできない。積極果敢な上司は他面では支配的・強権的に見え、大らかな上司は他面では優柔不断に見えるものだ。

重ねて言うが、上司が完璧でないと悩むのは無駄だ。特に、上司が「バランスの取れた人格者」である／そうあるべきだという「幻想」、いや「願望」に注意したい。

もちろん、「人格と能力に優れた上司」はいる。私も、幸運にもそうした方々に出会い、お世話になってきた。しかし、だからと言って、そうした上司が多いとは思わない。私も、私自身がそうした上司になることができているとは夢にも思わない。

むしろ上司たる人には「癖の強い人が多い」のが本当のところだ

それは、どうして上司がその職層に昇進したかを考えれば、分かることだ。

まず考えられるのは、仕事で実績を上げて昇任試験に合格したからである。だが、仕事というのは円満なだけでは進められない。実績を上げ、忙しい中で試験にも合格するためには「強み」が必要である。しかし、例えば「遠くが見える」という「強み」は得てして「遠くを見たがる」「近くが見えない」ということにつながる。多くの場合、「強みがある」人はその分だけ「癖が強くなる」ものなのだ。

もう一つ考えられるのは、組織に人材がおらず、世代交代の中で昇任した場合である。私の管理職昇任の理由は、正直それだと思う。だから、少しでも良い上司であろうと努めているが、だからと言って、強い癖はすぐには直せない。それどころか、昇任はすべて自分の実力だと思っている人さえいるのが、残念ながら現実である。

ここまで読んで、夢も希望もないと思ったあなた。真っすぐで素晴らしいが、まだまだ青いと思う。そんなことはない。だからこそ、希望があるのだから。

上司には、長所も短所もある。癖の強い存在である。それが分かっていれば、癖があるだけに、合わせるのはそれほど難しくない。うまく合わせられれば、私たち部下の方もまた、自分らしく自分なりに長所を生かして働くことができるのだ。

上司は孤独であり、自分を理解してくれる部下＝腹心を求めている

ということを、肝に銘じておこう。それが上司との「人付き合い」の基本だからだ。

上司は、部下を信じつつ疑い、部下を認めつつ不満を抱き、そんな毎日に疲れてさえいる。本当に人格と能力に優れた上司ならば、あなたが悩むことはないだろう。そうでない上司だからこそ、悩まされるのだ。

だから、上司を「等身大」で直視しよう。すると、上司の「強み」「悩み」が逆によく見えるようになる。それに波長を合わせて働こう。その方法を以下に述べていく。

②「ダメ上司」こそ絶好の機会

タテマエ「ダメ上司」の部下は不幸である

ホンネ「ダメ上司」の部下は圧倒的に幸運である

若手が悩まされる「難しい上司」には、幾つかのタイプがある。

あなたの性格・能力・立場によって上司との相性は変わってくるが、私が若手と話す中では、「ダメ上司」「無責任上司」「気難しい上司」がトップ3で、それに「ネクラな上司」「細かい上司」「オレ様上司」が続くというところだ。

まずは、若手にとって特にキツイと考えられる「ダメ上司」から書いていこう。なお、ここで言う「ダメ上司」とは、人格に問題がある上司のことではない。個人としては、とてもいい人である。しかし、上司としての意欲・能力が決定的に低い、自分の役割が分かっていない。そんな上司とは、どう付き合っていくべきだろうか。

まず、押さえておきたいことは、

「ダメ上司」が配属されている職場には大きな課題はない

ということだ。「ダメ上司」に、個性的で意欲・能力の高い部下をまとめ、懸案を解決していく力がないことは、上層部や人事だって分かっている。だから、そうした職場には、上司がその実力によって状況を打開していく必要は、最初から想定されていないと言うしかない。たとえ、その職場なりに細々とした課題はあったとしても。

私が入庁して2番目に配属された職場は、そういう職場であったと思う。基本的な業務はきちんとこなす上司だったが、通常事務を回すことしか頭はない。部下の指導もほとんどしない人だった。

そうした上司の下では、昨年通り、ミスなくこなすことだけが命題となってくる。意欲ある若手にとっては、次第に苦痛になってくるだろう。だが、逆の言い方をすれば、もともと課題の少ない部署であり、しかも、上司は前例踏襲・現状維持。だから、繁忙期を除けば、ほぼ毎日定時に上がって有休も取り放題のようになる。実際、あの頃は「パラダイスだった」という職員もいた（苦笑）。

こうした上司の下で働くときのポイントは、

愚痴を言うより、どんどん自分から仕事をすること

これに尽きる。仕事をやらない面でも「パラダイス」になり得るが、仕事をどんどんやろうとするときも、こうした上司は任せてくれるから、どんどんチャレンジできる。

もちろん、上司は意欲も低めだから、思うようにスピーディには仕事は進まない。けれど、判断が遅いだけで結局はやりたいようにできる。そして、仕事の成果が出てくる中で頑張って成果を出したあなたには、次なる舞台が待っている。特に無理せずにやりたいようにできる、とてもおいしい職場だったと後で思うことだろう。

しかし、もし、あなたがこの職場でのんびりやっていきたいと思うなら、よく注意しよう。こうした上司は、知らずにあなたの意欲・能力を錆びさせて同期たちが当然のように経験している成長の機会を奪ってしまう存在だからだ。

職場に、何も課題がないうちはいい。しかし、往々にしていずれ「何か」が起こる。制度変更や業務移管の中で業務の見直しを進められずに業務がいきなり忙しくなったり、その中でメンバーが衝突したりする。そうすると、業務水準が低く、職員に改善経験がないことや、これまで「仲良し職場」として、なあなあでやってきたツケを一気に支払わされることになってしまうのだ。

熱湯にカエルを入れると驚いて飛び出すので死にはしない。しかし、水にカエルを入れて熱していくと、気付かずに死んでしまうという。自分が特段の苦労なく「結構やれている」と思うとき、あなたは確実に「茹でガエル」に近づいている。

こうした上司の下では、少なくとも最初は、職場は平穏である。だから、人付き合いとしては、特に気遣う必要は少ないだろう。周囲に合わせて仲良くやればよい。

ただ、そうした環境はあなたを知らずに錆びさせる。いずれ嵐はやってくる。だから、やはり、自分の仕事についてはせっせと進めよう。そして、

上司の上司や周囲に成果が「見える」ようにしておく

ことが大事だ。成果の「見える化」のためには、数値の改善を図表にまとめて、上司の上司にも報告する、業界紙に寄稿する、他自治体から視察を受けるなどがよい。

なお、新たな取り組みは実績ある先行事例をまねるとよい。こうした上司は、既に事例があると安心するので話が通りやすい。

③「無責任上司」には退路を用意する

タテマエ 責任を取るのが上司の役割である

ホンネ 上司には責任を回避しようとする習性がある

先日、他の自治体で働く友人の愚痴をずっと聴く羽目になった。

彼は今、生活保護のケースワーカーをしているが、課長の決裁を取って、ある市民に対して不正受給分の返還を請求することとしたところ、激しいクレームを受けた。連日、その市民が来庁して「課長を出せ」と騒ぎ立てるのだが、課長は逃げ回るばかり。やっと出てきた席で、課長は「担当者の判断でやった」と言い放ったというのだ。

「返還請求は課長決裁。組織で仕事をしているのに、本当に無責任で腹が立つ」。友人の怒り・嘆きは、本当にその通りだ。こんな上司の下で働くのは災難というしかない。しかし、そういう上司はいる。だから、後で「怒る」よりも、事前にその習性を踏まえた「対策」を立てておくことだ。

「責任を取るのが上司の役割」である。しかし、

上司には責任を回避しようという習性がある

というのが本当のところだ。だから、「無責任上司」はいなくならない。

故に、自分の上司が責任に対して、どのような習性を持っているかをよく観察しておこう。「無責任上司」には、多くの場合、①普段の決裁はほとんど確認せずに判を押す、②自分では判断しない／判断しても無難な方へ無難な方へ、③すぐ上司の判断を仰ごうとする、④責任を問われる場面からは逃げようとするといった習性がある。

では、このような上司とはどう付き合っていけばいいか。こうした上司は普段は寛大なので、あなたは自分の考えで仕事を進められる。問題は、判断を仰ぐときだ。

まずは、説明・相談を徹底しよう。①結論、②問題点、③判断を要する理由、④結論に至る根拠を、しっかりと説明しておこう。

責任を伴う判断は、しっかり説明して上司の判断を仰ぐ

ことだ。「基本のキ」だと思うかもしれない。しかし、話を聴いていると、ここが甘い若手が多い。説明しても仕方がないと思う気持ちも分かるが、こうした上司は説明が不十分だと「そんな話は聞いていない」となりがちだ。

後で経過を説明できるように、いつ何をどのように説明し、上司がそれに対して何を言ったかをメモに残しておこう。

上司への説明とその反応をメモしていくと「無責任上司」が「自分では判断できない」とする理由のパターンが見えてくるだろう。それを事前に潰しておくと余計な手間を省ける。パターンの多くは「上司の上司の判断を仰ぐ必要がある」というものだ。

その場合には、すぐに上司の上司に、上司と共に説明に行くことだ。「すぐに」というのがポイントだ。上司に任せると放置される場合が少なくないからだ。そうすれば、ほとんどの場合、上司の上司は、そんな実務的な処理は「上司に任せる」となる。実際には、上司にもそれが分かっているから相談するまでもなくカタが付くことが多いものだ。

「責任問題になりそうだという感覚（センサー）が強い

実は、「無責任上司」は「責任感」は強いのだ。

のだが。単に無責任では昇任できない。「無責任上司」は責任問題を察知して、すり抜ける達人なのである。すり抜けられないと思えば、むしろすんなりと腹をくっていただけるものだったりする。

ただ、「無責任上司」は責任が嫌いだ。このため、

何回かに1回は、上司の「逃げ道」を用意しておく

ことだ。あなたが、いつも上司を責任問題に追い込むようでは、警戒されて話が通らなくなる。それは得策ではない。だから、「いつも」ではなく、何回かに1回は「あの上司がそう考えるのは当然だ」という退路を用意しておこう。

冒頭の友人の例で言えば、本当は、課長を出すべきではなかったのだ。担当者と係長で対応すればよい。基本的なクレーム対応は係長以下で行う／それ以上のケースでは管理職対応をお願いするというルールを作っておけば、自分も上司も安心である。

④「気難しい上司」はその懐に入る

タテマエ 上司はいつも相談しやすさを保つべきだ

ホンネ 上司も人間。機嫌の良いとき悪いときがある

「うちの上司はいつも無愛想で不機嫌。話し掛けづらいよ」

「うちの上司は機嫌の上下が大きい。急に怒り出したりして困るよ」

「気難しい上司」は扱いづらいものだ。「気難しい上司」には、二つのタイプがある。

「いつも無愛想な上司」と「感情の起伏が激しい上司」だ。

「いつも無愛想な上司」は、あいさつをしても会釈するのみ。人を褒めたりもしない。ほとんど部下にも話し掛けない。「いつも無愛想な上司」は、それがいつものことだ。

こうした上司は、基本的には仕事と人が面倒なのだ。だから、こちらも、

「いつも無愛想な上司」にはこちらも「塩対応」で行く

ことだ。「いつも無愛想な上司」に丁寧に対応しても愛想が良くなることはない。むしろ面倒くさい奴だと思われるのがオチだ。「気にしないこと」が一番なのである。

一方で、こうした上司は、事務力の正確さや冷静な判断力が強みである場合が多い。仕事の上では、そこを頼りにしたらよい。

また、よく観察してみると、目上に対しては妙に愛想がいいタイプもいる。その場合には、上司の上司等を味方にしておこう。本人なりには上司対応等に苦労しているから、少しは話が通りやすくなり、仕事上の面倒は減るだろう。相変わらず愛想はないにしても。

「感情の起伏が激しい上司」対応の基本も、気にしないこと

「感情の起伏が激しい上司」は、感情の起伏が激しく、その変化が予想しにくい。スイッチが入ってしまうと瞬間的に喜怒哀楽が切り替わる。朝は普通に話していたのに、ある会議から帰ってきたら非常に機嫌が悪くなった。ある人が話題に上ったら急に表情が厳しくなった等々、こうした上司に振り回されると大変である。

だ。残念だが、私自身もこのタイプだと思う。だから分かるのだが、こうした人は、感情のエネルギーが強く、それをコントロールすることが苦手なのだ。ある状況で自分の気持ちを抑え込んだエネルギーが、別の場所で爆発したりする。部下にとっては迷惑この上ない。

しかし、そこに悪気はない。だから、反省も浅いし、反省したところで直らない。このため、このタイプの上司についても「気にしないこと」が一番である。

「感情の起伏が激しい上司」の機嫌が悪いときは、誰でも「報連相」（報告・連絡・相談）を躊躇《ちゅうちょ》する。しかし、少し間を置く程度で、あまり遠慮しないことが大事だ。上司の機嫌をうかがって、大事な「報連相」等が遅れる方が問題である。

どうしても気になってしまう場合には、自分で気分転換できる方法を見つけておこう。例えば、私の場合、その場を外して自販機に珈琲を買いに行き、一服して誰かと他愛のない話をするようにしている。

基本的な対応に慣れてきたら、これら「気難しい上司」の懐に入ることを考えよう。こうした上司は、一度話を通せるようになると対応が変わってくる場合が少なくない。

話を通すために気を付けるべきことは二つある。

上司の「上機嫌」のタイミングとスイッチを見つけておく

ことだ。まず、タイミングだが、朝が弱くて午後から調子が出てくる上司の場合、朝に深刻な話をするのは得策ではない。逆に、朝が強い上司の場合、特に多くの懸案を抱えてドタバタしている状況の場合は、多くの「報連相」が押し寄せる中でどんどん機嫌も悪くなってくる。朝イチに相談するのがいいだろう。

大事なことは、その上司の「集中時間」の邪魔をしないことだ。例えば、朝イチに集中しようという上司の場合には、上司が仕事に入る前か、上司の仕事が一段落するタイミングを計るといい。

次にスイッチについて。よくあるのが趣味の話題だ。野球、サッカー等で応援しているチームが勝った後に機嫌がいい「気難しい上司」は結構いる。または、家族、出身地、以前の職場での仕事の話題がスイッチである場合もある。ただし、家族の話をしたがらない上司もいるから、上司それぞれのスイッチを見つけることが大事だ。

こうしたスイッチとなる話題を見つけるには、異動の時期にある歓送迎会などが絶好の場だ。そうした場で、上司の話に耳を傾けて探っていこう。ポイントは、自分と上司の共通項を探すこと。その共通項が、話を通し、気持ちを通じさせる橋となる。

⑤「細かい上司」はチェック役にする

タテマエ ミス防止に細心の注意を払う

ホンネ 細かいチェックは上司にやってもらう

チェックが細かい上司が苦手という若手は多い。

物静かで神経質。職場ではあまり笑顔を見せない。総務課・法務課・会計課などでの経験が長い上司。そういう上司には、文書の「てにをは」等を細かく細かくチェックしてくる人が多い。ものすごく忙しく時間がないときでも、細かく真っ赤に直してくる。

仕事のタテマエから言えば、文書は担当者が正しい用字用語でキチッと作成するべきものだ。チェックを重ね、ミスがないよう細心の注意を払うのが正しい。だから、真っ赤に直された文書を見ると、自分が責められているような気分になる。

だが、ものは考えようだ。

細かいチェックは上司がやってくれるのだ!

なんて便利な、もとい、ありがたいことか。それを生かして仕事を進めていこう。

例えば、会議の資料の作成を指示されたとする。ざっと仕上げたら、すぐに「指示された資料の案、作成しました。お気付きの点をお教えください」と、上司に見せてしまうのがよい。

仕事を進める中で最もそのクオリティを大きく左右するのは、最初の段取りを組むところと、最後のチェックをするところである。その最後の部分を上司が持ち前の高いチェック能力を発揮してやってくれるのだから、速く正確に仕事を進めることができる。そう思えば、多少細かく突っ込まれることなど何でもない。

なお、こういう上司の多くは、仕事の大きな方向性や効率的な進め方を前もって指示してくれない。そこに後出しの細かいチェックが続くため、どうしても仕事の進捗が遅れがちになる。そうならないようにスピードを意識することはとても重要だ。

チェック役を上司にお願いして仕事を進めていくには、三つの注意点がある。

一つ目の注意点は、

上司の指示した締め切りより、２日は早く上司に持っていくこと

この作戦はスピード勝負。仕事が速いからこそ、緻密さに欠けても許してもらえるのだ。提出が締め切り間際では、いかにチェック能力に優れた上司でも間に合わなくなる。時間は与えたのになんでこんなに直さなくてはならないのかと上司も頭にくる。その結果、「しっかりやれ！」とのキツイお叱りを受けるのは避けられないだろう。

二つ目の注意点は、

一度注意されたミス等は、次に繰り返さないよう努力すること

自分の担当業務は、本来、自分自身できちんと仕上げるもの。それを上司に助けていただくわけだ。いかに仕事を速く進めるためとはいえ、本来は失礼なことである。だから、言葉遣いや計数のミス等々、指摘されたポイントは、きちんとノートにまとめ、次の仕事ではそれを見ながらチェックをして、同じミスを繰り返さないようにしよう。少なくとも、その努力を欠かさぬことだ。それを上司も見ている。

指摘されたポイントを繰り返さないようにしていくうちに、あなたのチェック能力

も格段に上がるだろう。そうすることで、上司との周波数も合ってくる。

三つ目の注意点は、

上司のチェックに感謝し、言葉で感謝を伝えること

これが一番大事なことだ。

感謝は必ず言葉に出して「ありがとうございました。すぐに直します。ご指摘していただき、とても勉強になりました」と言うことだ。

「細かい上司」は自分のチェック能力に自信を持っている。その部分では、あなたが自分には及ばないことをよく分かっている。だから、このように素直に感謝されて悪い気はしない。

なお、行動力が強みの普段は細かいことは言わない上司が、細かくチェックしてきた場合は要注意だ。その場合は、あなたの文書は使えないと思いつつも、あなたを鍛え直すためにわざわざ時間を取って見てくれているのだ。

見放される前に、集中的に勉強しておこう。

⑥

「ウマが合う上司」には要注意

タテマエ 「ウマが合う上司」と出会えれば幸運である

ホンネ 「ウマが合う上司」との組み合わせはピンチと考える

上司とウマが合わないと悩むことは多いだろう。しかし、本当は「ウマが合う上司」が直属の上司となったときこそ、気を付けなくてはいけない。

納税課時代、私が課長補佐として仕えたI部長は、私からすれば最高の上司だった。Iさんは、積極果敢な性格で現場感覚をとても大事にされ、考え方や感じ方も一致するところが多い。入庁当初からの私を欠点も含めてご存じで、よくフォローしてくださる。ひとこと伝えれば、その考え方の背景まで共有できる「ウマが合う上司」だった。

ほとんど何をするにもツーカーで通るため、いろいろな判断や取り組みがスピーディに進んだ。課のメンバーからすれば、矢継ぎ早にいろいろ仕掛けてくる困った上司たちであったとも思うが、一方で部長と私が一枚岩なのは、一目瞭然だったと思う。だが、「ウマが合う」ことはいいことばかりではない。

「ウマが合う上司」の下では、むしろ致命的な失敗を起こしやすい

ということを肝に銘じておくべきだ。

通常、ある取り組みを始めようというとき、最大の障壁はまずは上司である。上司からいろいろと突っ込まれ、反対もされることが予想される。このため、それをクリアするためにさまざまな角度から検討し、アイデアを出し、中身を固めて臨んでいくだろう。

上司と意見が異なるときは、よく話し合うだけだ。そして、上司の方が正しければ、その意見や指示に従えばよい。意見が同じときでも、普通は立場も経験も違うから、自然と違う観点からのチェックが入り、より良いものに練られていくことになる。

ところが、「ウマが合う上司」の下ではそれが起こらない。基本的には、自分の考えと上司の考えは同じであり、信頼が厚いから上司から細かいチェックは入らない。

周囲も、そんな状況ではそうそう突っ込めなくなる。このため、良いときは良いが、悪いときには致命的な失敗を犯すリスクが高くなってしまう。

だから、特に影響の大きい判断を行うときは、いつも以上の慎重さが必要になる。

内心「そうだ！」と喝采する上司の意見ほど慎重に考えよう

内心は同意見なのだからどうしても突っ込みは甘くなる。そこをどう乗り越えるかだ。事前にチェックリストを用意して、それに沿ってチェックを入れていくとよい。

私は納税課時代、①市長、②課のメンバー、③議会、④市民、と異なる複数の立場を10程度想定したチェックリストをひそかに持ってその観点からチェックしていた。

なお、上司からすれば、真っ先に賛成してくれると思っていたあなたが慎重な意見を言うのは面白くない。だから、そうしたときには、なぜあなたが慎重に考えるのか、それがお互いのためだということを上司に伝えておくことが不可欠だ。同様に、自分の意見に対してもご助言をいただきたいと頼んでおくとよい。

場合によっては、その場では賛意を示しておいて、翌朝等、少し間をおいて「〇〇のことが気になるのですが」と相談するのも一手である。

その上で、もう一つ考えておく必要があることがある。

上司とあなたの「ウマが合う」関係をやっかむ輩が必ずいる

ということである。あなたも、逆の立場ならよく分かるだろう。

あなたにとって苦手なタイプの上司と、あなたの同僚が「ウマが合う」関係で、いろいろと取り組みを進めてきたら、どう思うだろうか。「頑張っているな」と思うのはひと握りの人格者だけだ。多くの場合は、面白くないに違いない。

だから、「ウマの合う」上司とは、むしろ、みんなの前でどんどん議論するのがよい。「ウマが合う」中でちゃんと信頼関係を育てていれば、議論したところで関係が悪化することはないだろう。本気で議論して施策・取り組みを考えるチャンスだ。

納税課時代、Iさんは進めようとしている取り組みについて、突然、私に議論を吹っ掛けてきて疑問点を挙げておいて、数日置いて「やっぱり君の言う通りかもしれない」と言ってきたりした。もちろん、Iさんにとってその取り組みを進めることは当初からの方向性である。だが、そうやって私との議論を周囲にあえて聞こえるように行うことで、その疑問点をあらかじめ潰し、考え方をメンバーに浸透させていた。

そうしたひと手間をかけていこう。そうすれば「ウマの合う上司」は鬼に金棒だ。

⑦ 上司に勧められたら試してみる

タテマエ　上司のアドバイスをやるかどうかは自分次第

ホンネ　上司からの忠告と考えて、試してみるが吉

「こんな本があるよ。読んでみたら？」

「○○の研修に参加してみたらどう？」

ある日、業務に関連してこんなことを上司が言ってきた。そのとき、あなたはどう考えて、どのように振る舞うだろうか。

実際のところ、勧められたことを実際にやってみる若手はほとんどいない。「いいですね」「今度やってみます」等と答えたとしても、やってみる若手は本当に少ない。

若手から見れば、それは上司からの単なるアドバイスであり、実際にやってみるかは

自分の判断だと思うからだろう。そして、忙しい毎日の中でスルーされていく。

だが、ここで考えてみてほしい。上司は上司なりに忙しく、部下は何人もいるものだ。その中で、あなた一人に何かを勧めるのは、どういうことなのだろうか？

それが仕事上のことならば、ズバリ、

上司があなたに改善を比較的強く求めている

ということだ。上司が勧めてきたことは、解決・改善するための手段である。その背景には、あなたの知識・能力等に対する上司なりの問題意識がある。

例えば、福祉の制度の本を勧められたなら、そうした知識・考え方の不足により、業務を円滑に遂行できていないのだと、あなたについて上司は考えている。エクセルの研修を勧められたのならば、そのスキルの不足により、あなたの事務処理のスピードや正確さが不十分であると考えられているということだろう。

本当ならば、上司としては部下自身が気付いて自ら取り組んでほしいところだ。にもかかわらず、具体的に何かをすることを勧めるのは、きっと上司は自分が感じている課題を、部下自身は感じていないと思っているのだ。

このため、「面倒見の良い上司」に対する基本的な姿勢は、

上司に勧められたことは、すぐに試してみる

ということだ。この「試してみる」がポイントだ。例えば、ある本を読むことを勧められた場合には、まずは、ざっと斜め読みをして、概要や気になるポイントをつかめばよい。研修に参加することを勧められたら、参加してみればよい。

上司は上司なりに考えた上での忠告だから、やってみたらそれなりにためになる場合が多い。それだけでなく、上司との距離をグッと縮める好機である。ある若手は、上司から「話し方教室」に行くことを勧められ、本当に参加して学んだ。後でそれを上司が知り、その上司は定年後も何かと彼をかわいがっていた。

逆の例もある。上司がある本を読んでみることを部下に勧めたところ、「読んでみたい」というのでその本を部下にプレゼントした。しかし、部下は実際には読みもしなかった。特に読んだ/読まないと部下は上司に言わなかったが、もちろん、上司は部下が読まなかったことは分かっている。「せっかく本を与えても読みもしない」と、以後、その上司はその部下に、通り一遍以上の指導・助言はしなくなってしまった。

つまり、勧められたことをやってみることは、上司に自分の努力を示し、信頼を得るチャンスなのだ。だから、もう一歩踏み込んでみよう。

勧められたことをやったら、すぐに上司に感想を伝える

やってみた姿勢を上司は評価するだろう。その上で具体的なアドバイスがもらえる場合が多い。上司は勧めたことの内容を分かっている。勧めたのが本ならば、自分も既に読んだものだからだ。

私は納税課時代、お世話になっていた都庁のF部長に多くの本を借りた。Fさんの自席近くには仕事に役立つ大量の本があって「F文庫」と呼ばれており、好きに借りてよいことになっていた。しかし、その職場で「F文庫」から本を借りて読む人は驚くぐらい少なかった。私にとっては、読みたい本ばかりの宝の山だったので、次々と借りた。借りただけでなく、読んで学んだことの感想をFさんに伝えた。すると、Fさんからたくさんのアドバイスをいただき、さらに学びが深くなったものである。

「面倒見の良い上司」は、余計な「お節介」に見えるかもしれない。しかし、相手はあなたにオーダーメイドの助言・指導をしているのだということを忘れずにいよう。時間がない／興味がないという場合には、その旨をしっかりと伝えよう。半端な対応により不要な失望を買わずに済む。

⑧ 「やり手の上司」とは少し間を置く

タテマエ 意欲・能力の高い上司はありがたい

ホンネ 「やり手の上司」は時に迷惑な存在である

ワーク・ライフ・バランスが求められる時代である。

あなたも、家庭や地域や趣味等と仕事のバランスには、苦労しているかもしれない。仕事を進める上では、意欲・能力の高い上司は、とてもありがたい存在である。部署全体の業務が円滑に進んで業績が上がり、その恩恵をあなたも受けるだろう。

しかし、そうした上司がワーク・ライフ・バランスの上では、脅威となる場合がある。一昔前の言い方で言えば「モーレツ社員」型の上司は、とんでもないパワーで仕事をこなしていくのはいいが、それを当たり前と考えて、メンバー全員に同じように考えて働くことを求めてくるから厄介なのだ。

特に「やり手の上司」の場合、仕事への強烈なコミットメントに加えて、計算高く部下を使いこなしてくる。自分の能力以上のものが引き出されるのはいいが、

「やり手の上司」の言う通りにしていては体がもたない

というのが正直なところだ。下手をすれば、健康や家庭にも響きかねない。最悪の場合、「一将功成りて万骨枯る」という状況に陥る危険がある。

だから、「やり手の上司」に対しては、その高い意欲・能力や仕事や業務に対する考え方等については敬意を払いつつも、完全に同調しないこと。つまり、心理的にも、考え方の上でも、少し「間」を置くことが大事である。

「間」には、三つの「間」がある。一つ目は「時間」だ。「やり手の上司」は、人に仕事を振り、その気にさせるのがうまい。もちろん、そのマネジメントは確かな面があるから、業務上の意義も、その取り組みの進め方も、あなたが適任であることも計算されたものだ。間違いは少ないだろう。

しかし、それにいつも二つ返事で乗っていくと、振られる仕事の質も量もどんどん厳しいものになってくる。だから、返事をするのには少し間を置いて、自分なりに考

えることを大事にしよう。上司に乗せられてやるのではなく、納得してやる。そう努めていれば、後で「なんでこんな大変な目に遭うんだ」という後悔はせずに済む。

二つ目の「間」は物理的「距離」だ。「やり手の上司」の説得力は強い。正しいし、言い方も当を得ている。だから、気付いたらその考えに染められてしまう。

このため、ちょっと「距離」を置いておくことも必要になる。具体的には、

「やり手の上司」とは会議では少し離れて座る

といい。すると、感化されず、少し客観的に考えてみる余裕をつくれるだろう。

会議で、席が四角く設置されていて、正面奥に上司が座るならば、左右どちらか側の真ん中より少し手前に座るとよい。それぐらいの位置であると、参加者全体を見渡しつつ、その温度感もつかむことができるだろう。

三つ目の「間」は「考え方」だ。「やり手の上司」の論は、かなり正しく聞こえる。しかも、あなたが自覚しているかは分からないが、ある日突然、何かを提案してくるのではない。慎重に種をまき、水をやり、メンバーの間にその考えが根付くように根回しを進めているものだ。半年前のある話題が、その提案の伏線だったりする。

このようなときは、

「やる気の比較的乏しいメンバー」の意見も聴いてみる

ことが役立つ。こうした人たちは、心理的に「やり手の上司」と大きな距離があるためだ。

往々にして、全く違う角度から異なる意見…その多くは慎重というか、ネガティブな意見を言うだろう。そうした意見に同調するのもいただけないが、その間で幾つかの選択肢がないか、それらと上司の考えの違いはどこにあるのかを探ってみるとよい。そうすることで「やり手の上司」の考えの背景等や深い意図に気付くことができる。

誤解してほしくないのは、「間」を置くのは自分の主体性を確保するためだということだ。仕事の上では合理的だが、無理のある進め方に安直に乗らず、より良い働き方を模索して実現するためなのだ。だから、反対のための反対はしないこと。

「間」を置いて上司の反発を受けないか心配かもしれないが、大丈夫だ。「やり手の上司」自身が適度な「間」を持って、主体的に考え、行動する人であるからだ。主体性を持って考えて行動し、組織の決定には従うならば、評価されるだろう。

第2章

同僚との付き合い方

①「弱点」を一つ見せておく

タテマエ　職場では「仕事ができること」が大事

ホンネ　職場では「かわいげがあること」も大事

職場には多くのメンバーがいる。

職場でそれなりに楽しくやろうと思ったら、同僚との関係を良いものにすることが不可欠である。この章では、同僚との人付き合いの実践的なコツを説明していく。

まず押さえておきたいことは、一口に同僚と言っても、いろいろな人がいるということだ。上司の場合は、あなたが主任だとしたら、係長・課長補佐・課長・部長の4人ぐらいしかいない。しかし、同僚は、職場を中心に、職場外も含めた幅広い先輩・同期・後輩たちがいて、濃淡さまざまな人間関係がある。

だから、「同僚との人付き合い」では、まず次のことを肝に銘じておこう。

同僚との関係は、幅広く複雑につながっている

しかも、将来、上司や部下となる人は、その中にいるのである。

さて、「同僚との人付き合い」の最初のケースは、こんな同僚のことである。

私が元いた職場の後輩のAさんは、意欲ある若手だった。仕事の意欲は高く、自己啓発にも熱心だった。仕事はしっかりこなし、報連相等のコミュニケーションもそつがない。しかし、自意識の高さがアダとなって、職場では浮いてしまっていた。「意識高い系」として敬遠されてしまっていたのだ。そのため、彼個人の仕事そのものは悪くないのに、他のメンバーとの連携はいつも何か微妙であった。

しかし、数年後、別の職場に異動したAさんと久しぶりに一緒に仕事をしてみると、かなりそれが収まっていた。彼の周りに人が集まり、笑いの輪が広がるようにもなっていた。そして、仕事の上でも、かつてより、格段に連携してスムーズに業務を進められるようになっていたのだ。

その変化を言葉にしてしまうと、単純だ。彼が駄じゃれを言ったり、恋人、結婚後は奥さんや子どものことをのろけるようになって、とっつきにくい印象が大きく変わってきたのである。人間の幅が広がったということだろう。

ここで強調しておきたいのは、ちょっとしたコツである。

同僚には、ちょっとした隙を自ら見せておく

ということだ。Aさんの場合は、ちょっと面白くない駄じゃれを言う。奥さんや子どもの話題になると目が緩む。そんなちょっとしたことが印象を柔らかくしたのである。

年齢・経験年数・意欲・能力もさまざまな同僚たちと幅広く良好な関係をつくって保つためには、

本音で話せる関係を築いておくこと

が大事だからだ。そういう関係を築いた相手がいれば、情報も入るし、調整もラクだ。

そのためには自己開示が必要で、特に「弱点を見せる」ことは親近感につながる。法

律に詳しくて職場で頼りにされる若手が、ちょっと会計には弱くて頼ってくる。その方がかわいげがあるものである。

その上で、もっと本質的にこれが職場での働きやすさにつながるのは、

「弱点」がある方が「強み」を出しやすい

からだ。「弱点」があるからこそ、「強み」が職場で受け入れられやすくなる。

私の場合、職場では私が「ザル」であることは有名だ。努力はしているつもりだが、文書や数字でミスをしたりすることが少なくない。しかし、それを上司や同僚はよく分かっている。だから、フォローもしてくれるし、私の他の部分を使おうとする。

実際のところ、一番損をするのは「オール3」の人間なのだ。人の能力を5教科5段階で評価できるとして、「オール3」の人と、「4もあって2もある」人がいたとしよう。後者ならば､上司も同僚もその4の部分を生かそうとする。この結果､自分の「強み」を生かして仕事ができ、モチベーションや仕事の成功確率が高まるのだ。

同僚には強がっても意味はない。警戒され、ねたまれては、仕事はやりにくくなる。だから、自分から「弱み」をさらけ出そう。「弱み」を出せる人は、しなやかで強い。

②「借り」を作ってから「返す」

タテマエ 人間関係では「借り」は作らぬ方がよい

ホンネ 職場では「借りを返す」人が信頼される

仕事は、自分一人ではできない。

仕事を進める中では、同僚との間に大小の「貸し借り」ができる。しかし、職場で迷惑を掛けないために、職場の人間関係で不利にならないために、できる限り「借り」は作らない方がいい。そう思っている若手が少なくないように思う。

確かに、お金で言えば、借金だらけというのは、まずい状態だ。だが、「同僚との人付き合い」であれば、そう単純ではない。仕事の上での「同僚との付き合い方」で一番大事なことは、

同僚からたくさん助け（借り）を受けられるようになること

だからである。このことについて、少し具体的に見ていこう。

管理職を目指し、将来を嘱望されていた二人の先輩がいた。Aさんは、勝気な性格もあって人に頼らない。一方のBさんは、多くの人の力を借りて、仕事を進めていく人だった。Aさんに比べて、Bさんの方が格段に仕事の「借り」が多い。

Aさんの個人的能力はどんどん磨かれて「デキる主任」とされていた。しかし、他部署との調整や幅広い協力を得て進めるような仕事は不得手なままだった。Bさんの方は、むしろそうした仕事が得意となった。多くの部署や地域の方々の協力を得ながら大きな仕事を幾つも進め、同期では一番早く管理職となり、部長となった。

あるとき、Bさんにどうしてそんなに多くの方から協力・支援を受けられるのか、どんな人付き合いをしているのかと聞いてみた。すると、Bさんは、

まず「借り」を作って、その「借り」を返すこと

そして、

ちょっとした「貸し借り」を多く積み重ねること

だと教えてくれた。私も、同僚との人付き合いでは「借り」は作らない方がいいと思っていたので、目からうろこが落ちたような思いだった。

Bさんは笑いながら続けた。「ちょっと考えてごらん。だって、誰だって借りばっかり作るのは嫌なんだよ。だから、まずはちょっと借りて、それを返すのさ」。そして、大きな仕事を進められるようになるためには、大きな「貸し借り」ができるようになること、そのためには「貸し借り」を重ねて「ちゃんと返す奴だ」という信頼を得ていく必要があるのだと教えてくれた。そう、本項はBさんの受け売りである。

そのときのBさんとのやりとりはそれだけだったが、Bさんの仕事ぶりを見ていて、さらに幾つかのことに気付いた。まず一つ目のポイントは、

「借り」よりも少し多く「返す」こと

だ。例えば、Bさんが会議の資料を印刷していたとき、Cさんに声を掛けてホチキス止めを手伝ってもらった。その上で、Cさんが資料を印刷しているときには、Bさんは自分からそれを手伝い、ホチキス止めだけでなく、配付も一部手伝っていた。だか

ら、相手には、手伝った分以上のことを期待できることが伝わるのである。

二つ目のポイントは、

だんだんと「借り」の内容を大きくしていくこと

Bさんは、次の機会には、Cさんにもうちょっと大きな手助けを頼む。助けてもらったら、それをさらに少しだけ上回る形で恩返しする。こうして大きな「借り」（協力・支援）を得られるような信頼関係を長年にわたって築いていたのだ。

同僚とはフラットな関係を保つことが大事だ。「貸し」または「借り」ばかりの関係は長続きしない。そして、大きな「貸し借り」には相手との信頼が不可欠である。

あなたの手掛ける仕事は、だんだんと大きなものになる。そうなれば、一人では進められないものばかりとなる。そのとき、手伝ってもらえる相手を何人持っているか、無理も言える信頼関係をどれだけ太くしてきたか、それが仕事の成否を分けることになる。

③

「おかげ」経験をストックする

タテマエ　仕事は自分の力で進めることが大事である

ホンネ　**仕事は多くの人たちの「おかげ」で進められるものだ**

仕事で、一人で進められるものは一つもない。

だから、自分の役割を果たしつつ、周囲への感謝を忘れないことが大事だ。

本項で伝えたいコトは、そういうことだ。だが、道徳の話をしているのではない。

自分を取り巻く多くの「おかげ」に気付いて、それを意識的に示すことができれば、公務員の「人付き合い」の上で、大きな武器になるということだ。逆に言えば、「誰々のおかげ」と常日頃から言えていないならば、あなたの人付き合いには、きっと黄色信号が点灯しているだろうということである。

市制施行50周年記念イベントの担当として奮闘していたときのことだ。同期のHさんから地域の方々を紹介してもらい、そうした方々のご協力をいただいて、大きな事業を進めていた。昼夜も土日もなく働いて、何とか良い形でイベントができそうになって、本当にHさんに感謝していた。しかし、庁内には「あいつは、Hさんの人脈をかすめ取って、自分がやったといい気になっている」と陰口を言う職員もいたのだ。

もちろん、陰口は気にしても始まらない面もある。ただ、この場合は、私がHさんに感謝していることも伝わらず、変な評判が立ったのでかなり不本意だった。

このことから、私が学んだのは、

「誰々のおかげ」という感謝は口にしないと伝わらない

ということだ。周囲だけでなく、本人にも伝わっていない場合すらある。そして、増長している、分かっていないとされてしまうのだとしたら、何と残念なことだろう。

その上で付け加えると、「誰々のおかげ」という感謝は、少しくどいぐらい繰り返して、ちょうどよいということだ。控え目に言っても、付け足したようにしか受け取ってもらえないものだ。もちろん、日ごろから謙虚な人柄で通っている人は、そんな必要はないかもしれない。ただ、私のように、偉そうだと思われそうだと自分で思っている人は、本当に繰り返し感謝を口にしているぐらいでちょうどいいのである。

ただし、感謝の言葉は実感を込めて短い言葉で伝えること。口先だけの感謝はすぐ分かる。また、本人のいないところでも言っておこう。本人のいないところで違うことを言ってはいけない。

これは、何かの際の一回限りのことではない。自分が今ある形で楽しくやれるのは誰のおかげなのか、もっと具体的に思い出しておくといい。


自分を育ててくれた場面と人をたくさん挙げておこう

ということである。

新人のときにイロハを教えてくれたのは誰か。ミスしたときフォローしてくれたのは誰か。他部署とぶつかったとき、間に入ってくれたのは誰か。一つひとつ思い出して具体的に日ごろから話せるようになろう。入所10年もすれば、50人ぐらいは挙げられるだろう。場面ごとに延べ百人以上を挙げられる人もいるかもしれない。

私がお世話になったKさんは、誰かと会うと「○○のときにはお世話になったね。また、よろしく頼むよ。僕でできることがあったらいつでも声を掛けてよ」と、いつも具体的にお世話になった場面を挙げて言っていた。

Kさんは、その後、部長となり、引退後も地域で頼りにされている。役所はまだまだ「出る杭は打たれる」世界だ。仕事ができる人は揶揄《やゆ》されやすい。しかし、Kさんのように「誰々のおかげ」という経験を具体的に語って感謝を欠かさない人は、本人も謙虚さを保ち、周囲からも信頼されて、より多くの協力を得られるようになっていく。

だから、こうした「おかげ」経験は、

同僚であるうちにたくさんストックする

ことが後々に役立つ。「誰々のおかげ」という経験は、その人と自分だけの特別な経験であり、絆である。「おかげ」経験をストックすることは、さまざまな絆に気付き、特別な意味を与え、積み重ねていくことにほかならない。

ただ、「おかげ」経験はなかなか自然にはストックできない。放っておけば、せっかくのご厚意に気付かずに失礼してしまう場合も多々ある。だから、気付く仕掛けが必要である。私の場合は、ある出来事がうまくいった場合、失敗してもフォローしていただいた場合、自分が何かをできるようになった場合に、それを可能にしてくれた人は誰かを、少なくとも毎週どこかで日記に書き留めるようにしている。

④ 「変わった同僚」を友とする

タテマエ 「変わった同僚」とも分け隔てなく付き合う

ホンネ 「変わった同僚」こそ、頼れる味方になる

職場に変わった同僚がいたら、どう付き合うだろうか？

タテマエとしては「分け隔てなく付き合う」だろう。つまり、本当は、あんまり関わりたくないけれど、仲間外れにするわけにもいかないので、踏み込まず、適度な間合いでしのいでいこうというところだ。

私自身、職場では「変わり者」扱いされているので、そう感じるのかもしれないが、こうした付き合い方は「もったいない」と思っている。

ズバリ言ってしまえば、

「変わった同僚」こそ、手の内に入れる

べきだ。すると、①職場の雰囲気が良くなる、②職場の生産性が上がる、③職場での自分の影響力が高まる、④頼れる味方が手に入る、⑤「変わり者」を生かす腕が上がる、といったメリットがある。

自分自身を棚に上げて言うと、私の同期は「変わり者」が揃っているとよく言われる。優等生が多い前後の期に比べて、私たちを使うのは大変かもしれないと思う。しかし、その後、管理職等となって活躍する先輩方には、私たち「変わり者」をうまく使える人が多かった。

まず、職場の輪の中に入れる。完全には浮かさないから、①職場の雰囲気は良くなる。私を含めて「変わり者」は職場になじめないものを感じていたりするから、間を取り持ってくれる人はありがたい。職場としても「変わり者」を戦力外とせずに済むから、②職場の生産性は上がる。「変わり者」の取り扱いは上司等も戸惑うことが少なくないから、良好な関係を築いている者は重宝され、③意見も通りやすくなる。そして、「変わり者」は、みんなが苦手なものを得意にしている場合が少なくない。よい意味でも「空気」を読まないから、④厳しい雰囲気のときでも力になってくれる場

合が多い。そして、少なくない職場に「変わり者」はいる。⑤「変わり者」を生かす腕は、管理職や係長等には必須である。

とはいえ、「変わり者」は、普通ではないから「変わり者」なのだ。また、人に言われて動くような人たちではない。その懐に入るために必要なのは、

相手の大事にしていることを知り、そこを接点にすること

である。当たり前のことだが、特に「変わり者」相手には大事なことだ。

私の知人のCさんは、一見、仕事にやる気がなさそうな人だ。実際、自分から突っ込んで仕事を進めることは少ないかもしれない。あまり職場の人とも付き合わないので、変わり者扱いされることもある。しかし、本当は非常に効率的に処理を進められる人で、懐に入れればとても面倒見が良い人なのだ。そんなCさんが、私にいろいろ話してくれたり、仕事でも助けてくれるようになったきっかけは、食べ歩きと旅行の話だった。こだわっているだけに面白い話ばかりだった。

食べ歩きや旅行の話を伺ううちにCさんのことが少しずつ分かるようになった。相手の大事にしていることを捉えて、そこを接点にしていこう。私も「変わり者」だから分かるが、自分を理解してもらった経験はそんなにはない。だからこそ、自分の大

事にしていることに関心を持って聴いてもらえることがとてもありがたい。

その際、特に大事なことは、

心から、相手とその大事にしていることに関心を持つこと

である。彼・彼女はうわべだけの反応をすぐ見抜く。そういう反応を長年見てきたからだ。一対一で、深く関係をつくっていくことが早道である。だから、

理解できそうな相手と一人ずつ関係をつくっていくこと

に集中しよう。職場に二人の「変わり者」がいたら、攻略は一人ずつだ。いや、一人はその大事にしていることを理解できそうでも、もう一人は難しそうならば無理はしないことだ。「変わり者」全員を「友」とする必要はないのだから。

「変わり者」の友が数人いることは、あなたの幅の広さと影響力を示す。くれぐれも「変わり者」を敬遠しないことだ。それはあなたを対人的な虚弱体質にする。

⑤ 「現場の人」と飲む・遊ぶ

タテマエ 現場のことは現場に直接行って理解する

ホンネ 「現場の人」を自分の目と耳にする

「事件は会議室で起きているんじゃない、現場で起きているんだ！」

1998年の映画「踊る大捜査線 THE MOVIE」で、織田裕二さんが演じる主人公の青島刑事が叫んだ言葉である。若い人はこの映画を見たことはないかもしれないが、どこかでこのセリフは聞いたことがあるだろう。現場の大切さを伝える名言だ。

業務において現場を重視する「現場主義」の考え方は、もちろん大切だ。現場のことは、現場に行って、その状況を直接見聞きする中で理解することが重要である。正論である。しかし、あなたが事務職ならば、特に管理職となれば、実際には、

すべての問題を「現場」に行って理解する時間などない

のが現実である。

もちろん、大きな問題が起きたら、そうでなくても一定の間隔では現場に行き、直接見聞きしてその状態をつかむことは不可欠である。しかし、いつも現場にいるわけではないし、その業務を自ら行っているわけでもない。それなのに、現場に行けばすべてが分かるというのは、現場のことを甘く見ているというしかない。

では、どうやって現場のことを理解するのか。ズバリ、

現場のことは「現場の人」に教えてもらう

のだ。現場のことに一番詳しいのは、やっぱり「現場の人」なのだ。込み入った現場の事情は、外から素人が見たってよく分かるものではない。

「現場の人」と本音で話せるようになるには、昔ならば「飲む、打つ、買う」と言われただろう。しかし、今、私たちが「打つ、買う」わけにはいかない。犯罪だ（笑）。

一緒に「飲んで」「遊んで」楽しむ

といい。私には、日ごろから現場のことを教えてくれる人たちがいるが、そうした人たちとは、直接に飲んで話を聴くことを大事にしている。とは言っても、飲みの場では、こちらから難しい話はしない。一緒に楽しむのが基本だ。

一緒に飲み、遊べるようになったら、その上で、相手の仕事や職場について、興味を持って聴いていこう。そのときに大事なことは、相手の仕事へのこだわりである。現場で頑張っている人は、その人なりの強いこだわりを持って仕事をしている。その気持ちをつかむことが、相手をつかむことにつながる。

例えば、学校用務員の人たちの生徒へのあいさつ、花壇づくり一つ取っても、そこにはこだわりがあったりする。教員たちに気を遣いながら、児童・生徒のことを考えて日々の仕事を進めている。その苦労を共感できるといい。

現場の、それも「現場を知る」レベルにある人たちはプライドが高い。そう簡単に、本当の苦労は語ってくれないものである。だが、一緒に楽しんで「自分と同じだ」というポイントが作れると、関係がグッと近しいものになってくる。その上で、

定期的に「飲む」「遊ぶ」機会を持つ

ことだ。あまり間隔を置くと、特に、こちらが昇進したりしたタイミングで長く一緒

に「飲む」「遊ぶ」機会を作れずにいると、立場が変わって敬遠されたと勘違いされるおそれもある。

現実には「現場の人」が現場のすべてに精通しているわけではない。

現場を押さえるには、「現場のボス」との「人付き合い」が不可欠

である。「現場のボス」しか知らないこと、動かせないことは多いものだ。「現場のボス」と知己になるために一番良いのは「現場のボス」が信頼する人に紹介してもらうことだ。「現場のボス」は仲間を重んじる。「現場のボス」にたどり着いたら、その関係を太くしていこう。

あなたの職場には、幾つもの現場があるだろう。そうした多くの現場との間で「人付き合い」をしていくためには、まず一つの職場で「現場のボス」との「人付き合い」を重ね、そこから広げていくことだ。

ただし、現場同士が互いをライバル視している場合もある。現場同士との関係をつかんでから、それを広げていくようにしよう。

第3章

部下との付き合い方

①「腐ったみかん」にはすぐ対処する

タテマエ 「迷惑な部下」にも丁寧に指導する

ホンネ 「迷惑な部下」の悪影響を排除する

上司・同僚に続いて、この章では「部下との人付き合い」について説明する。

徳川家康は君主と家臣の関係を「水よく船を浮かべ、水よく船を覆す」と言ったが、上司にとって部下との関係は死命を制する問題である。

「部下との人付き合い」で、最初に考えておきたいことは「腐ったみかん」だ。この言葉は、もともとは「不良少年の悪影響」を表す教育界の言葉で、箱の中に一つの腐ったみかんがあると他のみかんにも腐敗が広まることから、一人の不良少年がクラス全体に悪影響を与えることを表現したものとされる。

教育のことはともかく、部下・職場においても、

一人の「迷惑な部下」が職場全体を腐らせてしまう

ある自治体での話だ。その職場には、Aという古参職員がいた。業務の知識は豊富だが、とにかくやる気がなく意地が悪い。何事にも面倒くさそうに反応し、業務の進め方や上司の対応への不平・愚痴を周囲にまき散らす。窓口対応もぞんざいなので、クレームも絶えない。課長のBは、最初は注意していたが、注意しても直らないどころか逆恨みしてくるので、放置するようになった。

この職場がどうなったか。これ以上書くまでもないだろう。業務は混乱し、病休者や退職者も出て、崖を転がるように崩壊していった。こんな職場では、正論は通らないし、頑張れば頑張るほどひどい目に遭うからだ。賢い人は、とにかく早く異動しようとするだろう。何と言っても、上司がその状況を放置しているのだから。

今どき、こんなにひどい職員はいないだろうと思う。しかし、「周囲に悪影響をもたらす」部下は、そこかしこにいる。私の経験から言っても、

やる気のなさを公言する部下や周囲に嫌がらせをする部下

は絶対に放置してはいけない。困ったことに、やる気のない上司・先輩に嫌気が差すのはやる気のある若手だし、また、嫌がらせも一生懸命頑張っている若手に矛先が向けられがちだからである。

しかし、ここに大きな問題がある。「迷惑な部下」は、本当に困った奴らだからだ。注意したところで反省などしない。いつでも悪いのは相手や周囲で、自分ではないと考える。そもそも業務がきちんと回るかどうかなどに関心もない。優しくすればつけ上がり、厳しくすればふてくされる、そんな相手に正面から注意しても効くはずがない。

しかし、彼・彼女なりの事情がある。何といっても、

「迷惑な部下」の行動は長年にわたって許されてきたもの

なのである。これまでの上司や職場がそうした言動にきちんと対応して、人事評価に

も反映していれば、直るかはともかく、そうした行動はかなり影を潜めるはずである。だから、「迷惑な部下」を変えようと思うのはやめよう。その「迷惑」の影響を排除することに専念した方が効果的である。まずは、

「迷惑な部下」の迷惑な行動の記録をきちんと取ること

だ。関係者から事実を聴き取り、証拠があればそれを保存して保全しておく。そして、同様なことを繰り返したら、その場で注意して、それも記録に残しておく。たいていは、これで「迷惑な部下」も警戒してその行動を少しは改める。もし、問題が大きくなれば、人事に記録を提出して処分を求めていくこともできる。

その上で大事なことは、

「迷惑な部下」が迷惑の反対の行動を取ったときは褒めること

だ。「迷惑」ではない、本人の良い言動を伸ばしていくことだ。こうした働き掛けを「解決志向アプローチ」というが、「迷惑」ばかりに見える本人の良い部分を職場のメンバーが再確認する機会ともなる。上司自身にとっても、それが救いになる。

②「できない部下」こそかわいがる

タテマエ　「できる部下」を指導して伸ばす

ホンネ　「できない部下」こそ大きく伸ばす

誰でも、部下を持つなら「できる部下」がいい。

「できない部下」を指導・育成するのが上司の仕事だと分かっていても、なかなかに骨の折れることだからだ。

だが、上司として指導するならば、私の経験では「できない部下」の方が圧倒的に効果が高い。「できる部下」をさらに伸ばすのは大変なことだし、「できる部下」は自ら伸びていくものだからだ。「できる部下」は指導するよりも、育つ環境を用意する方が効果的なものである。

一方、「できない部下」は、一人で十分に伸びていくことができない。だから、平均以下と見なされるのだ。しかし、厳しい採用試験に受かった職員に、本来、それほどに「できない」奴がいるはずもない。「迷惑な部下」でさえ、何らかの良いものは必ず持っているものだし、平均レベルの業務にそれほど高度な知識・スキルが求められるわけではない。だから、

「できない部下」を指導すれば効果はかなりストレートに出るものである。

情報システム部門に、ある若手が配属になった。意欲はあるが、性格はせっかちで、業務の正確さを欠き、たびたびミス、トラブルを起こした。その若手に対して、O課長は「お前は、やる気があっていいぞ！」と言いながら、起案や処理のミス等を根気よく指導し、根拠となる例規等を教え、仕事の優先順位の取り方をアドバイスした。

残念ながら、その若手のそそっかしく、ミスをしがちなところが完全に直ったわけではない。しかし、ダメ職員が少しは使える職員に成長した。そして、この若手は今でもO課長に大変な恩を感じている。そう、このアホな若手とは、私のことである。

こうした私の経験からも、

「できない部下」への指導は、より恩にも感じてもらえる

ということが分かる。「できる部下」は、必ずしも上司の指導がなくても伸びていける。それを自分でも分かっている。だから、上司に指導されて仕事がうまくいったとしても、さほど恩には感じない。

しかし、「できない部下」はそうではない。だから、上司による指導が、その公務員人生を左右するほどの転機になり得るのだ。これこそ、仮にそれほど恩に感じてもらえなかったとしても、上司冥利《みょうり》に尽きることではないだろうか。

ただ、「できない部下」が「できない」のには、大なり小なり理由があるものだ。仕事をうまく進められない直接的な原因は、業務についての知識やスキルであるとしても、それが身に付かない／身に付けようとしないところに、本当の原因がある。つまるところ、それは、

「何を期待されているか」を知らない／考えないから

である場合が少なくない。だから、自分が「できない部下」という意識もあまりない。さすがに「できる部下」だとは思っていないとしても。

このため、上司が「できない部下」に相対する上で一番大事なのは、

「できない部下」が「ちょっとできる部下」になると期待する

ことであると私は思っている。期待しなければ始まらない。

「○○さん、あなたには●●課で▲▲業務を担当した経験がある。入庁●年目でもあるし、ぜひあなたに■■業務を進めることを期待したい」と明確に言葉で伝えることだ。そして、そのために必要な支援をする意思を伝え、その内容と時期を具体的に決めていくことだ。それで、変わっていく若手を何人も見たし、私自身もそうだった。

ただし、注意点が二つある。一つは、すぐにできるようになるとは期待しないこと。3カ月単位で一つひとつというぐらいがいい。一度教えたらできるようになるとも思わないことだ。1回目で半分、2回目でだいたい、3回目でようやくぐらいの気持ちでいれば、こちらもイライラしない。二つ目は、少しでもできるようになったら、それをその場で褒めること。後で褒めても効果はない。必ずその時その場で褒めること。

そのためには、ポイントで目を離さないよう上司は注意しなければならない。遊ぶ子どもが親に「見て」と顔を向けてくる瞬間と同じだ。見逃さずにそこで褒めること。そのうちに、その成長が楽しみになってくる。

③ 「できる部下」には釘を刺す

タテマエ 「できる部下」には仕事を任せる

ホンネ 「できる部下」こそ逸脱に注意する

あなたの下に「できる部下」が配属されているなら、それは素晴らしいことだ。「できる部下」に仕事を任せていけば、かなり楽に業務全体を進めていくことができる。しかし、「できない部下」以上に、「できる部下」こそが、上司としての立場を危うくするかもしれないことを、あなたは知っていなければならない。

ある自治体での話である。市税徴収の現場に、Aという意欲と能力のあるベテランがいた。Aは業務で多大な貢献をしていたので、B課長はC係長に指示してAに仕事をどんどん任せ、またAの昇任を推薦した。やがて、B課長は異動し、Aは係長となって業務を取り仕切る存在となっていった。そして、しばらく経った後、滞納者からの預かり金をAが横領していたことが発覚し、Aは懲戒免職になったという。

私は、Aのことを直接には知らない。B課長のしばらく後の課長であり、Aの業務をチェックして横領を明らかにしたD課長からこの話を聴いただけだ。しかし、「できる部下」に仕事を任せっぱなしにする怖さは、私にもよく理解できる。「できる部下」にすべてを任せて逸脱されたときこそ、そのダメージは深刻だからだ。だから、

仕事を部下に無条件に任せることはあり得ない

ということに尽きる。

もちろん、「できる部下」には、大きな裁量を与えて、その意欲と能力を存分に発揮してもらうべきである。しかし、それは「枠」と「ルール」を定めて、その「枠内」で自由に泳ぐことを認めることにすぎない。

冒頭の例で言えば、当たり前のことであるが、A係長の業務については、課長が自らしっかりと管理していくのが絶対である。また、A係長が係員の業務を管理できているかも、課長はチェックしているのが当然である。B課長は、これらをしていただろう。しかし、その後の課長はしなかったため、Aは野放しになってしまったのだ。

こうしたことにならないように、私は「釘を刺す」ことを勧めている。辞書的には「後で問題が起きないように、前もって念を押したり、注意したりすること」だが、

「できる部下」の心深くにある油断に届くように事前に注意する

ということである。ポイントは「刺す」で、具体的には、

「できる部下」が上司は知らないと思っている事実で一刺しする

とよい。私も納税課長だったから、冒頭の例のようなことが起きないように注意していた。係長・係員は、係の細かい業務のことは課長には分からないと思っている。だから、ポイントを絞って具体的な処理に目を通してチェックする。そこでの疑問を具体的に指摘すると、係長・係員はその仕事に緊張感を持つようになる。

部下は、信じるものである。しかし、信じるだけではダメだ。性悪説に立つ法家の古典『韓非子』には、部下に対応するための「七術」が書かれている。「参観」（臣下の言葉を事実と照合すること）「必罰」（法を犯した者は必ず罰して威光を示すこと）「賞誉」（功労者には必ず賞を与えて全能力を発揮させること）「一聴」（一人ひとりの言葉に注意して発言に責任を持たせること）「詭使」（詭計を用いること）「挟智」（知

らないふりをして相手を試すこと）「倒言」（反対のことを言う等、うそやトリックを使って相手を試すこと）の七つだ。状況に応じて、こうした技術を使えることも重要である。

「できる部下」に「釘を刺す」ことには、もう一つ実践的な意味がある。

「できる部下」の上司や組織への攻撃的言動を抑制できる

からだ。「できる部下」は、時として、その熱意と能力故に、上司や組織を軽んじた言動を取る場合がある。「できる部下」の能力や実績は、ある部分において上司以上ということもある。しかし、課長・係長は、選手としての部下ほどにバッターボックスに立ってホームランを打つ機会はないし、その必要もない。それを理解せずに、自らの功績を強調して、上司・組織を非難するような場合がある。

もちろん、根拠ある批判はそれを踏まえて改善する材料にするだけだ。しかし、事情を踏まえない、単なる非難は放置できない。周囲の誰かが「腐ったみかん」になってしまう危険が大きいからだ。要所で「釘を刺す」ことで「できる部下」の「逸脱」を防ぐことは、組織を守り、自分を守り、その部下自身を守ることにつながる。

④ 部下の個人情報に注意を払う

タテマエ　部下のプライバシーには踏み込まない

ホンネ　部下のプライベートに関心を持つ／秘密を守る

上司として、部下のプライバシーにどんな態度でいるだろうか。

私の経験では、部下のプライバシーには踏み込まないという人が少なくない。それは間違っていない。しかし、不十分である。この項では、上司として「部下のプライベートに関心を持つ」ことと「秘密を守る」ことの大切さをお伝えしたい。

まず、誤解がないように言っておくと、プライバシーが守られるのは当然である。プライバシーは、一般に「他人の干渉を許さない、各個人の私生活上の自由」をいうと考えられており、

上司の側から部下のプライバシーを詮索しない／漏らさない

ことは大前提だ。たまに、ここを勘違いしている人を見掛ける。

上司が部下の私生活について質問・把握するのは、業務上、必要な場合に限られる。例えば、休職を要する部下に対しては、診断書の提出を求めて、病名や療養に要する期間等を把握する必要が生じるだろう。しかし、持病等があっても、業務に影響がなければ、上司には関係ない。配偶者の有無や家族構成なども、人事にとっては扶養手当の支給等のために必要な情報だろうが、上司としては業務上の配慮に関係する場合に限られる。

自分の中に、その部下のプライバシーの情報は、業務上不可欠かという一線をしっかりと引いておこう。その上で大事なことは、

部下が自ら話したことは、心に留めておく

ことだ。

あるとき、若手男性のAさんと食事をする機会があった。そのとき、Aさんが言うには、「ウチのB課長は、今度生まれた私の子が男の子か女の子かも覚えていないん

ですよ」と不満気だった。「だって、何度も声掛けてくれたのに」

Aさんのいる課は、大所帯だ。ちょうどその頃は、オメデタが続いた。だから、B課長の記憶があやふやになるのも、ありそうな話だ。ただ、Aさんからすれば、B課長とは何度もそのことが話題になっていたことだったのだ。「なのに…」となるのは当然である。その後に続いた言葉が印象的だった。「こんなことだと、今後、育休について相談しても…、私のことなんて課長にはどうでもいいんでしょうしね……」

そんなところから、上司と部下の距離感は狂ってきてしまう。だから、

「部下が繰り返し話すこと」に注意を向ける

ことはとても大切だ。「繰り返し話すこと」には、それが何らかのことで大事だという、部下の考え方や価値観が反映されている。

家族、食べ歩き、ファッション、TV等々、どの話題がどれくらい話されているかは、その人のそのことへの関心の強さを示す。そのことに無関心では、上司として部下を動かすことはままならない。誰もが、特別な一人として認められたいという強い「承認欲求」を持っているからだ。

そして、その上で不可欠なことは、

部下が「知られたくないこと」は誰にも話さず墓まで持っていく

強い気持ちだ。「そんなことは分かっているよ」と言われそうだが、これが難しい。

私は、組合役員を10年間務めた。その中では、多くの人の「知られたくないこと」に接した。特に、組合役員でありながら企画政策課に配属になってからは、それが増えた。そんな中で仕事ができたのは、好きに放言しているように見えて、「このことは墓まで持っていく」という一線を守ろうと努めたから。そして、それを上司等に信頼してもらえたからだと自分では思っている。妻は市民なので、当時、私にとって一番怖いのは寝言であった。

上司は、部下一人ひとりを理解して生かさなければ商売にならない。だから、もっと部下一人ひとりに関心を持とう。そして、その秘密を守ると信頼されることが大事だ。それは口約束ではなく、日々の行動によって部下から信頼度を問われている。言い訳は通用しない。背負うしかない。

⑤

「明るい上司」を演じ続ける

タテマエ 上司は「できる」存在でなければならない

ホンネ 上司の明るさが、部下とチームに活力を与える

ここに2人の課長がいるとしよう。

一人目のA課長は、能力が高い。業務の知識は豊富で、その判断は的確。しかし、悲観的な性格でいつも厳しい表情をしている。もう一人のB課長は、おっちょこちょいで判断が甘いところがある。しかし、いつも明るく楽しそうに仕事をしている。

究極の選択として、二人のうち一人を選べと言われたら、あなたはA課長とB課長のどちらを選ぶだろうか。

もちろん、上司の能力が低すぎては、そのチームは前に進めない。しかし、仮に能

力はA課長が「高」、B課長は「並」だとしたら、私ならば迷わずB課長を選ぶ。

「暗い上司」の下では、自分まで意欲や運気を奪われる

ように感じられるからだ。

幸いなことに、私の上司にはそうした方はいなかった。だが、若手から受ける上司との関係の相談には、「上司が暗くて嫌になる」というものが少なくない。

あるとき、C課D係では、新たな計画策定の業務を始める時期となっていた。その段取りについて連日話し合っているようだが、様子が変だ。係長以下で終業後に打ち合わせをしているが、係員が泣きながら話している。そのうち、組合役員だった私のところへ、係の複数のメンバーから異動したいとの相談が寄せられるようになった。

最初の訴えは「業務が大変で家庭等との両立ができないから異動したい」というものだった。しかし、聴いていくと、その打ち合わせの雰囲気に耐えられないのだという。係員が問題点を指摘しても、係長は暗い顔でため息をつくばかり。何も打開策は出てこない。日常的にも、係内は暗い雰囲気でたまらないというのだ。

つまり、

厳しい局面でこそ、上司は明るさを保たなければならない

ということだ。沈みゆく船と運命を共にしたい者などいない。

「明るさを保つ」とは、打開策を示すこととは限らない。水が半分入ったコップを見て「水がもう半分しかない」と思うか、「水がまだ半分もある」と思うかは、受け止め方である。受け止め方が前向きならば、真っ暗に見える中に転がっている「前に進むために使える資源」に気付くことができる。

明るい上司は、運がいい

ものである。むしろ、チャンスはピンチの顔をしてやってくることが多いものだ。

私がお世話になった東京都のS部長（当時）は、いつも温和な表情をしている方だった。日々、トラブルが生じる部署にあって「うちはメンバーに恵まれているから」といつも笑っていた。部下である職員には、S部長のファンが多かった。

そんなS部長に、以前「管理職のコツ」を伺ったことがある。S部長は「明るい上司になりなさい」とひとこと仰った。部下にとって、ついていきたい上司は、「できる上司」よりも「明るい上司」なのだからと。そして、一緒に働いて楽しかった思い

出を作ること。それが、その後につながるのだと仰っていたのが印象的だった。それを伺って、新任管理職として能力を示さないといけないと思っていた私は肩の力が抜けた。そうすると、業務の方も自然と回るようになるから不思議なものだ。

では、どうやったら不機嫌なときにも、明るく振る舞えるか。私は、

機嫌が悪いときはそう宣言して、マスクで表情を隠す

ようにしている。どうしても機嫌が悪いときは、それを無理に抑えると逆効果だからだ。不機嫌な状態から脱するためには、一度、気分の底に降りてしまう方がいい。その上で気分を上向きにしていくのがコツだ。

このため、自分から「ごめん。今日はちょっと機嫌が悪いんだ。午後には復活するから」と宣言してしまう。そして、マスクで不機嫌な面を隠して、周囲の目障りにならないようにする。部下が原因でないことを示せば、体調が悪いときと同じで、周囲は気遣いつつも必要以上に気にしなくなってくれるものだ。

その上で、気分転換を図り自分の気持ちの整理がついたら、自分からマスクを取ってメンバーに話し掛けよう。自然とメリハリがついて、機嫌よく話を聴ける自分がいる。

第4章

付き合いの広げ方・保ち方

①「人付き合いマップ」を描く

タテマエ　仕事の中で庁内の付き合いは広がる

ホンネ　庁内の付き合いは次第に狭まっていく

公務員として経験年数を経て中堅以上となってくると、調整等、他部署と関わる仕事が増える。このため、良好な「人付き合い」を重ねている人とそうでない人の差は、仕事の上でも大きく出るようになってくる。

仕事をしていく上では、庁内においても広い人間関係を持っている人が有利であることは誰もが分かっているだろう。ただ、それを強く意識して、「人付き合い」を広げ深めていくことができている人はあまり多くはないのが現実である。

この章で「付き合いの広げ方・保ち方」を考えていく上で大事なことだから、最初にはっきりと伝えておきたい。庁内に限らず、

放っておけば、「人付き合い」は狭まっていく

というのが現実である。広げるどころか保つだけでも意識的な努力が必要になる。

以前、入所5年目の、ある若手と話したときのことだが、彼はこう言っていた。「業務の中で他部署とも接点ができるし、異動する中でお世話になる人も増えるので、マイペースでいこうと思っています」。何て能天気なのだろうと正直思った。

確かに、入庁5年目ぐらいまでは、知人は増える一方だろう。しかし、そこから先は、必ずしもそうではない。なぜなら異動の中で疎遠になる人が出るし、何より定年退職者が出るからだ。

「お世話になる人」ばかりでなく、自分が「お世話する」べき後輩や部下もできるはずだが、そこも分かっていない。遠からず、この人の良い若手が職場の「お荷物」

になってしまうのではないかと心配したことを覚えている。

庁内の「人付き合い」が狭まるのを防ぐためには、二つのことを心掛けるといい。

一つは、

庁内の「人付き合いマップ」を描くこと

である。部署ごとの人数を円で描き、その中に自分が知っている人数に応じた円を描き、内側の円に接点のある人の名前を、外側にはあまり接点のない人の名前を書く。

すると、自分の「人付き合い」の偏りが一目瞭然となる。できる限り、どの部署にも一人は話せる人がいるのが望ましい。

「人付き合いマップ」では、特に経験年数や年齢に注目しておこう。中堅の中でも自分より5期下の後輩となると、もう分からないという人が増える。このため、

「若手が分かる」ということはそれだけで「強み」

になる。なぜなら、どの職場でも実務を担っているのは若手だからだ。

自分と同年代以上の人しか、それも同期か同じ職場となった人しか分からないのは、いずれ致命傷になる。だから、中堅以上ならば、若手の顔と名前を覚えよう。これが

心掛けるべきことの二つ目だ。

誰でも、ちょっと工夫して努力すれば若手の顔と名前を覚えることができる。ちょっとした工夫とは何か。私のしている工夫は、たった二つである。

一つ目は、

「若手名簿」を作ってチェックする

ことだ。中核市・政令市級の大きな自治体でなければ、新入職員のことは庁内報などで紹介があるだろう。それを取っておき、採用年次ごとのリストを作っておくのだ。役職別にしておくと、どのような選抜状況にあるのかも分かるようになる。

二つ目は、

若手に会ったら名前を呼んで話す／忘れていたらすぐに覚え直す

ことだ。当たり前のことだが、これをちゃんとやっている人は少ない。さらに、同期は誰か、同じ職場には誰がいたか等と連想していく癖をつけると確実に名前と顔を覚えていくことができる。その場合、できるだけ良いエピソードに注目しよう。エピソードを仕入れておくと、より印象付けられる。

②「見てもらえる場」に自らを置く

タテマエ しっかりやっていれば平等に見てもらえる

ホンネ 上の人たちは忙しい中、人材を求めている

どんなに品質が高い商品でも、知名度がゼロでは買ってもらうことはできない。それは人も同じことだ。コツコツと頑張っていればちゃんと平等に評価されるか。残念なことだが、そうとは限らないことは皆さんもよくご存じだろう。結局のところ、見てもらえなければ、評価もされないのが現実である。

評価する立場にいる人も、評価されたいと思う私たちも、その人なりに忙しい。なかなか隅々までは目が届かない。そんな中でも評価されていく人はどんな人だろうか。

皆さんもご存じの通り、公務員の世界では、

「出る杭」は必ず打たれる

ものである。つまり、人を押しのけて前に出ようとすれば、相当な圧力を受ける。いずれ「出過ぎた杭」になって、打たれてもビクともしないレベルにたどり着くかもしれない。しかし、誰でも最初は「若芽」にすぎず、その段階で強烈に打たれたら、簡単に押し潰されてしまう。

何より問題なのは、目立ちすぎて、特に「意識高い系」というレッテルを貼られると、普通の人たちから敬遠されてしまうということだ。それでは、「人付き合い」を広げていくことが難しくなってしまう。

だから大事なことは、

評価してほしい相手の「目に留まる場」に自らを置くこと

である。そうすれば、自分から前に出なくても、自然に見てもらえるようになる。

この話を若手にしても、あまりピンとこないようだった。「何を当たり前のことを言っているのだろう」という反応だったが、「コロンブスの卵」的な、当たり前だけど、ほとんどの人が気付かない大事なことだと思う。

私の経験では、具体的な場合は三つある。その中で一番威力があったのは、

地域のイベント等で下働きすること

だった。

私は、30歳手前で市役所に入所した転職組なので、同い年の先輩とは8年もの経験差がある。これを少しでも埋めようと、いつからか各部署の行うイベント等を同期のYさんと見に行って勉強するようにしていた。最初は一参加者だったが、どの事業も人手は足りない。そのうちに、駐輪場整理や会場案内などをボランティアとして手伝うようになった。

その副次効果だったのだが、イベント等には市長をはじめとするお偉方も参加される。市内にはいろんなイベントがあるが、しょっちゅうYさんと私がいるものだから、「あの二人は誰だ?」ということになっていたそうだ。

二番目は、ちょっと意外なことかもしれないが、

部長や副市長への持ち回り等の雑用

だった。庶務担当や事業担当として行う起案や起票について急ぎの場合や差し替えが

ある場合に、または、急ぎ書類を届ける場合などは、若手にお鉢が回ってくる。そうした役目をしっかり行う若手は、しっかりと覚えられるものだ。

私も、自分が管理職になって、そうしたところから若手の仕事ぶりが印象付けられることが多いからよく分かる。そのとき、相手がねぎらいの言葉を掛けてくれたり、何か質問するような場合があるだろう。そういうときに「気の利いたひとこと」を返せるとぐっと印象付けられる。

ただ、勘違いしないでほしいのは、「気の利いた」とは自分のPRではない。過不足なく答え、目上への敬意と感謝を示すことである。例えば、「最近どうだ」と部長に聞かれたときに、「課長の指導で■■に取り組んでいるところです。面白いです」と言えるかだ。

三番目は、あるとき、お世話になった部長が教えてくれたのだが、

目上に対して立ち止まってお辞儀し、お見送りすること

だった。基礎的なマナーである。しかし、それができる若手は少なく、印象深い。

逆に電話で名乗りもしなかったりすると、後で「あいつは誰だ」ということになっているものである。

③ 「キーパーソンたち」と付き合う

タテマエ 人とは公平に幅広く付き合うべき

ホンネ 「人付き合い」の波及効果を念頭に置く

自分の幅を広げるためにも、人とは幅広く付き合うべきである。

それに、公務員は「公正・公平」が第一である。「人付き合い」も「公平に幅広く」行っていくべきだ。それによって自分の幅も広げていくことができる。

理想・タテマエはそうかもしれない。「人脈を広げたい」として多くの人と知り合おう、名刺交換しようという若手は少なくない。入庁数年のうちは、それもいいだろう。いろいろな人がいることが分かり、社会勉強になる。

しかし、現実にはそんな「人付き合い」は困難だし、仕事上のメリットも少ない。

ある会合で、ある自治体から参加していた10人のグループと知り合ったとする。その人たちと今後も付き合っていきたいと思ったら、あなたならばどうするだろうか。

私ならば、ズバリ、

そのグループの「キーパーソン」と付き合う

ことを考える。なぜなら、自分が「人付き合い」に使える時間は限られているからだ。10人全員と細々としたやり取りを続ける時間はない。しかし、「キーパーソン」とつながっていれば、他の人々とも一緒につながっていくことができる。

では、どのように「キーパーソン」を見極めて、付き合っていけばよいだろうか。

よく見掛ける、分かりやすい「キーパーソン」は、リーダーだ。顔が広く、判断力と行動力があり、周囲から頼りにされている人物。これは分かりやすい。しかし、「キーパーソン」には、いろいろな人がいる。

私が長年親しくしているAさんは、一見したところ地味だ。目立つ言動はしない人だし、グループには行動力に富んだBさんがいるから、多くの人は何かを一緒にやろうとするときには、まずBさんに相談している。

だが、そのグループは多士済々で、意見も多様だし、互いの好き嫌いもある。グループのメンバーは、みんな何かあれば、落ち着いて話を聴いてくれるAさんに相談しているのだった。だから、このグループと何かを一緒にやろうと思ったら、特にそれがグループ内で少しもめそうな場合には、Aさんに先に話しておくとよいのである。

つまり、このグループには、「表」の「キーパーソン」であるBさんの他に、「裏」の「キーパーソン」であるAさんがいて、その使い分けが大事なのである。同様に、得手不得手から、ある内容についてはCさん、別の内容ならばDさんが「カギを握っている」ということもある。

このように、

「キーパーソン」は一人とは限らず「表裏」「前後」「左右」がある

ことは知っておくとよい。そして、誰がどの「扉」に通じる「カギ」を握っているかを知り、必要に応じて使い分けられることが重要なのである。

さて、その上で、そうした「キーパーソンたち」とは、どのようにしたら親しく付き合うことができるだろうか。結論から言うと、

「キーパーソン」の興味を引くのは「キーパーソン」

である。「キーパーソン」たちは忙しく、既に多くの有能・有用な面白い人たちとつながっており、多少の売り込みをしたところであまり興味を引きはしない。ただ、好奇心旺盛で、新たなつながりを求めている人が多い。同じ人種にはすぐにピンとくる。

だから、「キーパーソン」とつながろうと思ったら、

あなた自身が「キーパーソン」になる

ことが一番だ。「キーパーソン」同士のつながりが、あなたの「人脈」を倍々に広げてくれることだろう。

どうやったら「キーパーソン」になれるかだって？　それはこの本の中で書いてきたことだ。「人付き合い」により、あなたは幾つかの「カギ」を既に手にしているはずだ。自分の「人付き合い」は、どんな「扉」を開ける「カギ」なのか。それをよく考えながら動いていこう。

④ 「ゆるい関係」の間合いを保つ

タテマエ 「緊密な関係」こそが「人付き合い」では大事

ホンネ 息の長い「人付き合い」には「ゆるさ」も大事

「人付き合い」は深くなるほど、緊密になっていく。

真面目な人ほど、幅広く付き合うよりも、少数の気心の知れた長年の仲間との関係が大事だと思っている場合がある。

もちろん、そうした仲間との関係が重要ではないと言うつもりはない。気心の知れた仲間との連携は、一を言えば十伝わるため、仕事の上でも大きな威力を発揮する。

しかし一方、そうした「人付き合い」ばかりしていると、人間関係が狭く濃いものばかりになってしまう。

それは、幅広い人たちの協力を得て仕事を進める公務員という職業柄、とても危険なことである。

まず、私などが思ってしまうのは、

「濃いばかりの人間関係」はすごく疲れる

ものだということである。

働く中では、うれしいことも嫌なことも起きる。「人付き合い」においては、相手に対するプラス・マイナスの感情が蓄積されていく。誰でもミスはするし、気配りを欠いてしまうことはある。それで迷惑を被って気分を害することもあるが、それはお互い様だ。その気持ちをいつまでも引きずってしまったら、そのうちに職場の誰とも組めなくなってしまうだろう。

しかも、職場にはいろいろな人がいる。嫌いな人とも仕事の上では付き合っていかなければならないし、それも定年までの長い時間を狭い場所の中で一緒にやっていくのだ。時には、立場の違いから、親しい相手とも、仕事の上ではぶつかることもある。

濃い人間関係の中で、相手に迷惑を掛けないように気にしてばかりいたら、何もすることができなくなってしまう。だから、

相手との関係をガチガチに縛らない「ゆるさ」

が大事になってくる。その方が、多少のことがあっても許せる／気にしないで済むものだ。そして、それゆえに息の長い「人付き合い」を続けていくことができる。

ある自治体の知人Ａさんは、仲の良い同期・先輩数人で毎月のように飲んでいた。しかし、子育てのために毎回は参加できなくなった。そのグループはほとんど全員で毎月必ず集まるため、話題についていけなくなった。このため、Ａさんは参加しづらくなって関係が切れてしまったという。最初から「来られるときは来るけど無理しない」気軽な会であれば、Ａさんも気まずい思いはせず、つながりは続いたはずである。

異動や制度変更で仕事が急に忙しくなった。昇任試験にメンバーのある者は合格し、他のメンバーは落ちてしまった。出産・育児・介護等のため、なかなか夜は出歩けなくなった。そんな変化は必ずある。狭い職場で長年にわたって良い「人付き合い」をしていくためには、そうした変化を許容できる「ゆるい関係」を大事にした方がよい。

その上で、公務員としての「人付き合い」が「濃い関係」ばかりとなってしまうことの一番の弊害は、

「人付き合い」から受ける刺激＝成長のタネが乏しくなる

ことである。ただでさえ、自分なりには頑張っているつもりでも、自治体職場にはどこか「ぬるま湯」の部分があるものだ。それなのに、似たような考えの同じようなメンバーとばかり付き合っていては、自らガラパゴス諸島に身を置くようなものである。

家族や親友、職場の仲間といった社会的つながりが強い人々よりも、知り合いの知り合い、ちょっとした知り合いなど社会的つながりが弱い人々からの方が、自分が思いもしない情報や気付きが得られるものである。これを「弱い紐帯の強み」（マーク・グラノヴェッター）という。「ゆるさ」がなければ、さまざまな人と「人付き合い」の幅を広げていくことが、そもそも難しい。

同じ職場・親しい仲間といった社会的なつながりが強い関係においても、適度な「ゆるさ」を保って、新鮮さを感じながら付き合うことが、仕事や生活の変化の中でも息長く付き合いを続け、それによって付き合いを深いものにしていくコツである。

「ゆるい関係」の間合いを保ちながら、また職場が同じになったり、業務で連携したりする中で、関係を自然に深めていこう。いつも同じメンバーとつるんでいるのは黄色信号だ。

⑤
「虚礼廃止」を真に受けない

タテマエ　年賀状等の「虚礼」は禁止である

ホンネ　**年賀状は最も効率的な関係維持のツールである**

年末になると、虚礼廃止の通知が総務課などから出されないだろうか。

年賀状・お中元・暑中見舞い・お歳暮などの虚礼を廃止することは、慣習的な無駄と負担を省くことができるから意味があることだと思う。

その上で、年賀状は目いっぱい活用するべきだというのが、ここで伝えたいことである。私は、日々の声掛けを別にすれば、

数百人に一気にメッセージを送るなら年賀状が一番ラク

だと思っている。虚礼だから禁止されるのならば、真に礼を尽くしたものにすればよい。心を込めたひとことを添えて出せばよいのだ。

私が毎年出す年賀状は約200通だ。もちろん、つながりはもっぱらネット上で、自宅住所が分からない人も多くいるから、そうした人たちにはLINEやメールで年始のメッセージを送ることになるが、自宅住所が分かる人であれば、できる限り年賀状にしている。

年賀状は、メインの文章なり写真は印刷しておき、パソコンで宛名印刷して、ひとことだけ手書きで添えれば、数百通を送るといっても手間は限られている。私は利用していないが、現在では印刷・宛名印刷・投函まで請け負ってくれる業者もある。

これに対して、メールで同じだけの人数に送ろうとする方が、いちいち送付先を選択・入力しなければならないし、印象的な内容とするよう文章やデザインを考えるのは結構な手間となる。年賀状は家族写真等、普段とは違う顔を見せられるのもよい。

その上で、年賀状は年末の一定の時期に投函するものだから、それに合わせて名簿を確認・更新することにもなる。いわば、

年に1回、自分の「人付き合い」の棚卸しをする

ことにつながる。

転居・異動・昇任・転職・結婚・出産・ご親族の不幸等とともに、親疎の度合いの変化をチェックして、年賀状を送るか、また、どんな内容とするかを吟味する機会となる。名簿全体をチェックするような機会は、意識しなければなかなか持てない。

相手の変化を示す年賀状を取っておくと、相手の転居や結婚・出産等がいつだったのか、どんな様子だったのか、例えば、子どもの名前は何だったか等を後で確認できるのも便利なものである。何より、本人の人柄や家族の様子が伝わってきて面白いものだ。普段の「人付き合い」だけでは分からない面が垣間見える。

おススメは、相手からの年賀状がいつ届いたかをチェックしておくことだ。元日に届くならば相手も早めに準備して年賀状を自分に出してくれたことが分かる。届いたのが1月4日を過ぎる場合には、こちらの年賀状を受け取って返事を出してくれたということである。そして、返事もない人と自然に仕分けられていく。中には筆不精なだけの人もいるが、親疎を計る一つの目安にはなるだろう。

相手との関係をつかむアクティブソナー

つまり、年賀状を出すことには、

という機能もあるのだ。

最近ご無沙汰している人に年賀状を書いたとき、何と書いてお返事を下さるのか。例えば、あなたが「今度飲みましょう！」と出した年賀状が届く元日に、先方からも「また会いたいですね！」という年賀状が届いたとしたら、すかさずメールか電話して、会う日を決めてしまえばいい。きっと思い出話も弾んでいい感じになるだろう。こうして「人付き合い」をつなぎ、また重ねていくことができる。

このように「人付き合い」を一斉にメンテナンスしていけるのは、年賀状を活用すればこそである。このため、このデジタルな時代に、元コンピュータ屋にもかかわらず、私は相変わらずアナログに年賀状を出している。そして、いただいた年賀状から「お子さんも随分大きくなりましたね！」と、次の会話につながる機会ももたらされる。

なお、子どもや夫婦での楽しげな家族写真の入った年賀状だけでなく、仕事や趣味の年賀状も用意して相手によって使い分けること。例えば、子どもが授からなかったり、幼い子を亡くした相手には、家族写真の年賀状は苦痛なものである。

また、年配の方には、年賀状は出すのをやめたという方もいる。そうした方には、他の方法で連絡を取るようにしよう。

第2部

渉外編

第5章 他の自治体職員等との付き合い方

第6章 業者・マスコミとの付き合い方

第7章 市民・地域との付き合い方

第8章 議員との付き合い方

第5章

他の自治体職員等との付き合い方

①「相手よりも丁寧」に接する

タテマエ　市区町村・都道府県・国との関係は対等である

ホンネ　「礼儀を尽くす」ことは最高の攻撃力となる

第1部「庁内編」に続いて、第2部では「渉外編」として、庁外の人たちとの「人付き合い」について、実践的に説明していく。

庁外の人とは、表面上の「人付き合い」しかできていない人が少なくない。しかし、管理職や係長職に、また、ある分野のエキスパートやスペシャリストとなるに従って、庁外の人たちとの「人付き合い」が重要になる。こうした人たちとの縁は「一期一会」な部分が大きい。より一層、若い頃からの積み重ねが大きな差となってくる。

第2部第5章では、他の自治体職員等、つまり、市区町村・都道府県・国で働く公務員同士の「人付き合い」を取り上げる。

最初に強調しておきたいのは、実際の「人付き合い」の上では、

他の自治体職員等とは「対等」とは思わない

ということだ。もちろん、1999年に制定された地方分権一括推進法によって、国と自治体、都道府県と市区町村は「対等・協力の関係」に立つものとされた。自治体同士についても、もとより対等である。

しかし、現実には、国の課長級や都道府県の部長級が、市の副市長等として派遣されることはよくある。何か「技術的な助言」が行われる場合にも、市区町村の部長級に対応するのは都道府県の課長級だったりする。市区町村よりも都道府県の職員は1ランク上、国の職員はさらに1ランク上という扱いになっているのだ。

また、自治体間のプライドもある。地域の中核を担う自治体の職員が周辺自治体よ

りも一段上だと思っていることはままある。特定の自治体間では、A自治体はB自治体に長年お世話になっており、敬意・謝意を表する関係にある場合もある。というか、

他の自治体や国には何らかの形で必ずお世話になっている

ものである。現在、あなたの部署では特にお世話になっていないとしても（本当にそうかは疑わしい。全く他の自治体や国と関係がない部署は、私が知る限りないはずだ）。

だから、大事なことは、

お世話になる相手と思って「相手より丁寧」に接すること

だ。ポイントは「相手より丁寧」だ。横柄な相手に、こちらだけ丁寧に接することもない。大事なのは「相手より丁寧」であること。そうすれば、相手より失礼には当たらないからだ。

具体的には、例えば名刺交換では、自分の方が役職は上であっても、今回は世話する方であったとしても、自分から名刺を渡し、ひとこと話し掛け、お見送りをし、帰庁したらすぐにお礼のメールを書く。電話での問い合わせへの対応ならば、参考に資料を後でメールで送っておく。そうした「ひと手間」を相手より掛けるようにしよう。

また、あなたが係長ならば、同格である相手の係長級に対するのと同じくらい主任等にも目を配っておこう。私の経験でも、そこまでやっている人はあまり多くはないから、それが後々効いてくる。つまり、これは、

後々のための先行投資

なのだ。もし相手の自治体や国等と込み入った話をしなければならないときに、そうした平素からの関係が大きな意味を持ってくる。また、将来、別の部署・別の事業でまたカウンターパートとなる場合にも、自然に信頼関係を築くことができる。

だから、逆説的に言えば、

「こちらよりも丁寧」な相手にはよく注目しておく

ことが重要だ。特に、こちらが行った「相手より丁寧」な対応に、一枚上乗せして「こちらより丁寧」な対応を返してくるのは、相当に「デキる相手」である。

近い将来、どこかで何らかの形で関わる相手になると考えて目を離さないことだ。

②「大事な関係」は秘めて育てる

タテマエ　人脈は仕事の上でフルに活用するものだ

ホンネ　「大事な人脈」は後で大きく使う

公務員として働き、また、自己啓発等の活動を広げる中では、さまざまな接点が生まれ、次第に多くの関係を築くことができるだろう。

その中では、かなり深い信頼関係を築けた場合や、他の自治体等で中枢の役割を占めるような有力者とも、若くして人脈を築ける場合があるかもしれない。そうした関係づくりを目指して、人脈づくりに励んでいる若手もいる。

人脈は、仕事で役立てるために築くものである。だから、「仕事で生かさなければ意味がない」。そう言っている若手もいた。だが、人脈づくりの基本は、

まずは、小さくとも「ギブ・アンド・ギブ」に徹する

ことなのだ。

最初から「ギブ・アンド・テイク」を目指すのは下策である。人には「世話になったら返さなければならない」と考える「返報性の原理」があるから、コツコツと信頼を積み重ねて、ここぞというときに使うつもりの方がうまくいく。「テイク狙いのギブ」は、とかく鼻につく。

それは「基本のキ」として、ここで伝えたい実践的なポイントは、

「大事な関係」は秘めておく

ということだ。吹聴してしまえば、「ここぞ」というときに使えなくなる。

ある自治体の若手職員Aさんは、隣の自治体のB部長と趣味で仲が良かった。しかし、それを特に隠さずに周囲に話していたために、また、若さのせいか、周囲には「B部長にはいろいろ話ができる関係だ」と話していたために、ほとんど同時期に、前の職場で一緒だったC係長と、現在の上司であるD部長から、それぞれ業務の関係でB部長を紹介してほしいという話を持ち掛けられてしまった。

真面目なAさんは断り切れず、C係長とD部長をB部長に紹介したが、B部長としては事情があって協力できない話だった。B部長は、Aさんとの関係がそういうことになるならばと、以後、Aさんとの付き合いは控えるようになってしまった。

本当に、そのつながりが自治体の利益のために大きく役立つならば、使うべきだろう。しかし、Aさんの場合は、Bさんの信頼を損ない、その関係を失っただけだ。「大事な関係」ならばこそ、半端な形で使って損なっては意味がない。

「大事な関係」を、大事な話を通せる「コネ」に高めていくとしても、そのためにまず大事なことは、逆説的であるが、

大事な相手を、些細な「コネ」として使わないこと

に尽きる。その関係を大事にして、仕事に直接的には使わないこと。それが、相手の信頼を高めることになる。

その上で、こちらは小さくとも「ギブ」を重ねていれば「返報性の原理」が大きく後で効いてくるのだ。もっとも、それだけ大事な相手であれば、自分の損得のためだけに役立てようとは思わないはずである。その関係を守るためにも、特に若いうちは関係を秘めておくことだ。

その上で、もっと初歩的な意味で、気を付けるべきことがある。それは、

「コネ」があるとの吹聴を好意的に受け止める人はいない

ということだ。たぶん、皆さんは「何を当たり前のことを」と思ったことだろう。だが、よくよく注意した方がいい。自分ではただ事実関係を話しただけのつもりでも、批判的に受け止められる場合が多いからだ。自戒を込めて忠告する。

確かに上の立場からすれば「知り合いである」ということを自慢するようでは中身がないとは思う。面識があるだけでは、特に仕事で役立つ関係とは言えないからだ。

「コネ」は、しっかりとした信頼関係と互いに利用価値があることで成り立つ。

信頼関係を育てつつ、その方の「大事な人」とも関係を築く

ことに注力しよう。その方が自分だけの、自分らしい大きな財産となる。

③ 視察は行く前後に「勝負」する

タテマエ 視察では現場を見て実情を把握する

ホンネ 視察では関係づくりが何よりも大事である

新たな制度を導入するとき、大きな業務見直しを行うとき、まずは先進事例をよく調べるのが基本である。

そして、先進事例の実際を理解しようとしたら、視察に行くのが一番である。報道やインターネット等の情報は大事だが、それだけでは本当のところは分からない。幸いにして、自治体の世界には相互協力の文化が根付いている。業務を行う中で視察を受け入れるのは負担だが、視察先は資料等を用意して丁寧に説明してくれるだろう。本当にありがたいことである。民間の場合には企業秘密の壁がある。業務提携の契約をしていない限り、苦労して開発した内容を教えてくれるなどあり得ない。

若手と話していると、こうしたことから先進事例等の事前調査・実態把握を目的として視察を行っている場合が多い。現場を見て、現場で担当者の話を聞くことで「実情」を理解しようというわけだ。

それは間違ってはいない。しかし、それで本当のところが分かるというのは甘い。


視察で見せるのは、きれいな表面だけである

からだ。お互いに守秘義務がある公務員として信用しているものの、視察結果は視察した自治体の公文書として報告され、市議会等で質疑される場合もある。

それだけではない。本質的には、ある先進的な取り組みを成功させた本当の理由は、

その自治体・担当者にとって「当たり前」のこと

にあったりするからだ。

このため、視察では、担当者や関係部署との関係を丸ごと理解するために、

①視察前には、当該自治体の知人から内情を聞いておく

②視察中は、できれば飲食を共にして関係を築いておく

③視察後にこそ、電話・メール等で関係を深めていく

ことが大事だ。信頼関係が深まって初めてより深い話が聴けたり、制度導入後の課題について一周先を行く視察先の自治体から伺うことができたりするからである。

ある制度を導入・運用してその分野で先進自治体とされる自治体がある。当時の担当者の強力な個性・力量によって一気に導入され、その担当者はその功績もあって、その自治体の重鎮となった。このため、その制度はいわば聖域化された。現在の担当者は、その制度の先進性をPRしつつも、制度には改善すべきポイントがあるが、それができずに困っている。こうしたことは、深い信頼関係が築かれた後でないと伝わってこない。

なお、冒頭の話になるが、視察には事前調査・実態把握以上に効果的な活用法がある。それはズバリ、

上司等の関係者に、ある内容を気付かせ・納得させる武器

として視察を行うことだ。

私の知人のある自治体のA課長は、次のような視察を行った。その自治体では、A課長の上司であるB部長は、ある制度の導入に熱心だった。議会でもよく与党議員から実現に向けた質問がされていた。そこで、議員と相談して市議会の所管委員会の視察に、その制度で先進とされる自治体に視察に行くように計らってもらったという。

そして、その視察の中で、その制度の優れている点とともに、実際の運用に当たっての具体的な注意点、あるプロセスをかなり丁寧に行わないと大きなトラブルになることの説明を受けた。その結果、B部長はそのプロセスを丁寧に行えるよう予算や事業計画の見直しを指示したという。もちろん、A課長のお膳立てである。

視察は「知る」だけでなく、「見せる」ためにも行うと効果的であることを知っておこう。

④

視察は受けてそれを縁にする

タテマエ　視察の受け入れは大きな負担である

ホンネ　視察の受け入れは情報を仕入れ、人脈を広げるチャンス

視察の受け入れは、かなりの労力を要する。

相手の要望に応えて、施設見学等の段取りを組み、資料を用意し、一定の時間を掛けて丁寧に説明して、質疑に応じなければならない。相手の自治体にお偉方…例えば部長がいれば、こちらの方も部長を出す必要もある。その手配と準備は面倒だ。だから、業務多忙を理由に視察を断ったりする向きがあると聞く。もちろん、視察の受け入れによって業務に支障を来すことはあってはならないから、本当に業務多忙の場合は断るしかない。しかし、工夫すれば受け入れ可能な場合にも避けようとする

部署・職員がいる。それは職場・自治体にとって損失である。

業務に支障を来さない限り、多少無理してでも、視察は受け入れたらいい。それには、一般的に三つのメリットがあるからだ。すなわち、

①業務を再評価して見直すきっかけになる

②説明し、質疑に応える担当者の勉強になる

③庁内外へのＰＲになる

②の担当者の勉強というのも貴重な経験になる。ただ、もっと大事なのは①③だ。
小金井市納税課は平成25年度から市税収納率の改善に取り組む中で、視察を受けるようになった。当時、納税課のメンバーからすれば、いろいろ取り組んでいるが、それが他自治体に注目されるほどの取り組みだという自覚はなかった。それが、視察申し込みを受ける中で、自分たちの取り組みが注目に値するということが実感されていった。

しかも、視察に来るような自治体はどこも意欲的だ。そんな相手の自治体の取り組

みに学ぶことができた。また、庁内でも、納税課が視察されるような取り組みをしているのだということが伝わっていった。特に、こういうことには上層部は敏感である。

つまり、視察を受けることは、

職場に光を当て、庁内外での存在感を高めること

につながるのである。若手に説明担当者をさせることと相まって、職場が活性化する。

その上で、「他の自治体職員等との人付き合い」という面で言えば、視察を受け入れる中で、情報を仕入れ、人脈を広げることができる。

視察に来庁した相手自治体の職員とは、一定の関係を築くことができる。話す中で当該自治体での取り組み等を教わったりすることは大事である。

職員ではないが、私は高崎経済大学教授の佐藤徹先生に長年お世話になっている。そのご縁は先生が小金井市で行った市民参加の一手法である市民討議会の視察にいらっしゃったことだった。佐藤先生のご高名は存じ上げていたが、接点がなかったところに視察の依頼があった。私にとっては渡りに船。こうしたご縁は必ずつかむことである。

その上で、視察受け入れを縁とした、もう一歩踏み込んだ「人付き合い」がある。

それは、ズバリ、

相手自治体のキーとなる取り組みや職員を紹介してもらうこと

だ。相手自治体の職員は、視察の受け入れに感謝している。そして、人の心理には「お礼をしたい」「借りを返したい」という「返報性の原理」がある。

どこかの自治体から視察の打診があったら、相手自治体のことをよく調べよう。すると、面白い取り組みをやっていたり、幅広く活躍している職員が必ずいるものだ。視察に丁寧に対応した上で、そうした取り組みについて教えてもらったり、その職員を紹介してもらおう。こちらの丁寧さに輪をかけて親切に対応してもらえるはずだ。

「頼まれごとは試されごと」とは山形市職員の後藤好邦さんの言葉だ。試された先に機会が広がっていく。その中でも視察の受け入れは割が良い頼まれごとだ。先方から来てくれて、2時間も対応すればいい。その機会を活用しよう。大きな財産となる。

⑤ 「面白い人」と付き合っていく

タテマエ 公平に／関係が深い相手と付き合う

ホンネ 「面白い人」との付き合いは続く／広がる

公務員として働く中では、さまざまな出会いがある。

他の自治体職員等との「人付き合い」を積み重ねて、人脈としてどれくらい仕事に生かしていけるかで、30代中盤には仕事で大きな差が付くようになってくる。

タテマエからすれば、出会った人たちと公平に、そして、特にお世話になっている方と深く付き合っていくということになるだろう。しかし、現実的にはそんな「人付き合い」は時間的にも不可能だ。業務の連携というメリットでの付き合いも、互いが異動する中で、次第に立ち消えとなっていくものである。

長年にわたって広がり深まっていく「人付き合い」を、他の自治体職員等との間で積み重ねていきたかったら、

自分が「面白い」と思う人を探して付き合うこと

に尽きる。そういう相手であれば、忙しい中でも時間をつくって会いたいと思い、また、互いに忙しくてしばらく会えなくても、その間に互いに何か「面白いこと」をやっているから次に会う時が楽しみになる。こうして付き合いが続いて深まっていく。

それだけではなくて、

「面白い人」との付き合いはさらなる「面白い出会い」を呼ぶ

ことが大きい。「面白い人」には同じように面白い「類友」がいるからだ。

しかも、そうした人たちは同じように「面白いこと」が好きで、そのために労力を惜しまない。だから、「面白い人」一人とのつながりが、数多くの「面白い人」とのつながりを呼ぶものだ。人によっては「人脈」を人に教えるのを惜しむ人もいるが、「面白い人」にはそうした人は少ない。「面白い出会い」が加速度的に広がっていく。

私が長年お世話になっている、八王子市の菅野匡彦さんとの出会いとつながりも、

その一つだ。菅野さんとの出会いは、私が入所3年目の2003年、財団法人東京市町村自治調査会が行った提案公募イベント「Wish TAMA～あなたが描く多摩の未来」の表彰式だった。すぐに「面白い人」だと思った。

菅野さんとはなかなか都合が合わなかったりして、直接に会って飲んだ回数はこの15年間で5回ぐらいしかない。けれど、菅野さんはどこの職場にあっても楽しそうに面白い仕事をする人で、いつも刺激を受ける。その縁で「八王子ラーメン」を発掘して広めた立川寛之さんのような「面白い人」と出会うことができた。また、別の場で出会った「面白い人」が何人も菅野さんと長年の仲間だった。

「面白い人」はいつもどこかで「面白いこと」をやっているので、

「面白い人」たちとのつながりは自然に重なり深まっていく

のである。だから、無理がない。何よりも楽しい。

逆の言い方をすれば、どんなに能力が高い人で、仕事の上でさまざまなメリットを期待できる相手であったとしても、

「つまらない」と思う人とは、その場限りの「一期一会」

の「人付き合い」をしていくことをおススメする。

「その場限り」というのは、適当にぞんざいに扱えというのではない。「一期一会」と書いたように、その場その場では最大限、心を砕き、礼を尽くしてお付き合いすることだ。しかし、長く深い付き合いになることは期待しない。それは無理を呼ぶし、結局は期待したほどのメリットは得られないと、これまでの経験から私は考えている。往々にして、自分が「つまらない」と思う相手は、相手もそう思っているものだからだ。なかなか心が通う関係を築くことは難しい。

ただ、人間関係とは面白いもので、そうした割り切りを持ちつつも「一期一会」と心を砕いて対応していると、ふとした瞬間に思いもしなかった相手の「面白いところ」に気付く。そのときには、相手もこちらを「面白い」と感じていたりするものだ。私の「畏友」である同期のYさんは、そうやって付き合いが深くなった一人である。

「面白い人」と付き合う中で、自分の「面白い」と思う幅を広げていこう。

第6章

業者・マスコミとの付き合い方

①「営業」からは情報を引き出す

タテマエ 業者の営業担当には公平・実務的に対応する

ホンネ **業者の営業担当とは普段から情報交換をしておく**

面識のない業者の営業担当が商品やサービスの説明をしたいと窓口にやってくる。そのとき、皆さんはどのように対応するだろうか。カウンター越しに、ごく短時間説明を聞いて「資料を課内で回覧します」「何かありましたらご連絡させていただきます」と対応するということが多いのではないだろうか。

事業者によって対応に差が出ないように「公平に」というと聞こえはよいが、要するに、あまり時間が取られないように適当にあしらっているというのが本当のところだろう。その一方で、既に契約している業者とはそれなりに時間を取って話を聞いていたりする。

私は情報システム担当、企画政策課で事業者やコンサルの営業によく対応していた。現在の行政経営担当でもよく窓口に出る。係長や課長をそうした場合に出してはいけない／係長や課長は出ないという職場もあるようだが、私は比較的よく窓口に出て営業の話を聞く方だと思う。そして、話を聞いたら営業担当にいろいろと質問する。

業者の営業担当への対応は情報を得る貴重な機会

であるからだ。

営業担当は、自治体を回って売り込むのが商売。競合他社や近隣自治体の動向等についてリアルタイムな情報を持っている。手がふさがっていたり、次の予定が迫っていたりと毎回というわけにはいかないが、手が空いていたら自分が直接対応し、部下が対応したら様子を聞いて、面白い情報がありそうならばすぐに電話・メールする。

営業担当としては、いきなり課長から連絡があるとは思っていないから丁寧に対応してくれるので、多くの鮮度の良い情報を得ることができる。

企画政策係長のとき、あるコンサルの新人営業が窓口にやってきた。まだ、会社の商品・サービスについて説明するのが精いっぱいという印象だったが、熱意を感じた。そこで、国や先進市の動向と競合他社との比較、特に本市にとってのメリットをまとめてまた提案に来るように言ってみた。翌週、資料を作ってやってきた。

宿題を出して提案の説明を受ける。そんなやりとりを何回か繰り返した。残念ながら、その提案を本市で採用することはできなかったが、他の自治体での受注にこぎつけたと後日あいさつにやってきた。以来、今も時々連絡をよこしてくれる。

意欲ある営業にはどんどん疑問や要望をぶつけよう

すると、それを調査・検討して資料にまとめてきてくれたりして、こちらの理解も深まっていく。営業担当は、私たち公務員とは違う視点での情報の宝庫である。

ただ、営業担当の話を聞く場合には、

最初に時間を区切る／必ず鋭い質問を3問投げ掛ける

ようにしよう。まず、時間だが、①カウンターでの立ち話ならば10分間、②座って話を聞く場合には30分間、③自治体へのオーダーメイドな提案ならば1時間を目安にするとよい。そういう時間感覚をこちらが持っていることを相手に伝え、それ以上の時間を掛けない姿勢を明確にする。ダラダラと聞くのは禁物だ。

そして、単語の意味等ではない鋭い質問をすること。そうした質問を3問もできれば、相手も緊張感を持つ。多すぎても時間がかかるだけなので、3問程度がよい。営業担当がドキッとする質問をテンポよくできれば、やりとりに緊張感が出てくる。そうなれば、営業担当も曖昧な返答をしなくなり、中身が濃いものになってくる。

営業担当とのやりとりで重要なことは、**こちらが知りたいことを的を絞って聞くこと**である。相手のペースだけで話させてはいけない。そうすれば、他の職員が活用できていない情報を多く効率的に得ることができる。

ただし、相手も営業が仕事だ。一定時間は商品・サービスの説明や提案をさせてあげること。利用するだけでは続かず、得られる情報も表面的なものになる。

②「若手のやり手」をマークする

タテマエ　業者の担当者は経験豊富な中堅以上が安心

ホンネ　ビジネスパートナーに一番大事なものは熱意

業者と委託契約等を結んで事業を進めていく。

そのとき、相手の担当者に求めるべき、最も大事なものは何だろうか。

普通は、業者の担当者には豊富な知識と経験を求める。多くの実績がある中堅以上の担当者であれば、何かと安心な気がするものだ。

だが、実際には、そんな実績ある中堅以上の者が担当者としてフル稼働するということはあり得ない。単価が高い、能力も実績も十分な中堅に実務をさせては、とても採算が取れない。余程、潤沢な予算を投入した場合等に限られるだろう。たとえ、プロポーザルでは中堅が前面に出ていたとしても、実際に実務を行うのは若手である。
このため、

業者の中で一番注意を払うべき相手は実務を担う若手

である。どんなに責任者や周囲を有能で実績あるメンバーで固めていたとしても、実働部隊の要である若手が甘かったらダメだ。そのプロジェクトでは、こちらは苦労させられっぱなしとなる。それでは何で委託したのか分からない。税金の無駄だ。

2008年の市制施行50周年記念事業のメイン事業は、公募の結果、小金井市商工会が提案した「黄金井・11万人のキャンドルナイト」となった。商工会が地元コンサルに委託して、そのコンサルが実行委員会の事務局として大きな働きをしたのだが、シニアコンサルタントの黒崎晋司さんと共に、若手コンサルタントの木藤直隆さんの熱意に大いに助けられた。落ち葉だらけの秋の公園で4千本のキャンドルをともすのは、たったそれだけのイベントなのに、市では初のイベントで当日までは苦労の連続だった。次々と出てくる課題を打開するのはメンバー全員の、特に実務を担う若手の熱意である。それを実感する毎日だった。

逆の言い方をすれば、どんなに他のメンバーが強力に見えても、

若手の目が死んでいる／若手の発言がない業者とは組んではいけない

ということだ。ビジネスである以上、最後は業者も中堅たちの奮闘で形をつけてはくれるだろう。しかし、余計な苦労をさせられ、成果も期待以下となってしまう。

事業者の「やり手の若手」をマークすることには、もっと長期的な意味がある。

「やり手の若手」はすぐに頭角を現して大きな存在となる

からだ。関係を築くならば、相手が大きな存在となる前の方がはるかに容易である。一緒に苦楽を共にして成長した経験は、他に代えがたい絆となる。

先の木藤さんとは、その後、地域での若手ネットワーク「小金井楽しい人の会」をつくるときには発起人の一人となってもらい、さまざまな「面白い人」をつないでもらった。木藤さんの広く深いネットワークには舌を巻きつつ、とてもありがたかった。

同じく市制施行50周年記念事業で、気運を盛り上げるためのポロシャツを発注したことが縁となった有限会社エニシング取締役社長の西村和弘さんにも「小金井楽しい人の会」の発起人となってもらったが、その後、日本伝統の前掛けを「MAEKAKE」として、英国や米国等でも広め、文字通り世界を股に掛ける活躍をしている。

「やり手の若手」の成長は極めて速い

ということを肝に銘じよう。民間企業の登用は私たち公務員とはスピード感が違う。自分と同じような立場だと思っていたら、あっという間に先に行ってしまうかもしれない。互いに「伸び盛り」の時期を共有できる旬の時期はそんなに長くはない。「やり手の若手」と縁があったら、もたもたせずに全力で付き合うことだ。

ある自治体のA課長は、以前に計画策定の業務を担当して、若手コンサルタントのBさんと仕事をする機会があった。しかし、A課長は若いからとBさんを軽んじた。後年、A課長は別の業務で、その分野の第一人者となっていたBさんに協力を求めた。しかし、もちろん、Bさんの協力は得られなかった。A課長はその業務をうまく進められず、部長となることができないまま定年を迎えた。そういうこともある。

③ 「一流の仕事」でＷｉｎ－Ｗｉｎになる

タテマエ プロポーザル等では実績ある業者を選ぶ

ホンネ 相手の実績になる仕事で業者を引き寄せる

施設の指定管理者、大きな計画の策定支援。こうした大きな仕事では、プロポーザルによって、より良い業者を選んでいく。

そこでは、実績ある業者を選ぶことが鉄則である。しかし、実績があればいいかというと、そうとは限らない。予算が潤沢にあればいいかもしれないが、昨今の厳しい財政状況では、なかなかそれが難しい。

こうした中で、業者と組んで仕事をする上で大事なことは、

この契約・関係における業者のメリットは何か

を常に把握しておくことである。

業者もビジネスだから、損をするような契約はしない。こちらの予算が十分とは言えない場合、そこから大きな利益は得られないため、当然、相手もどこかでコストカットをしてくる。一番のコストは、もちろん人件費だ。

あなたの業務経験がまだ不十分である場合、あなたが業者になめられて失敗しないために、特に注意しておかなければならないことが2点ある。

一つ目は、

業者はどこかの自治体で行ったプレゼン／成果物のコピーを出してくる

場合があるということだ。「●●市▲▲計画策定支援委託」だとしたら、「●●市」の部分を差し替えただけのようなプレゼンが行われる場合がある。他の自治体の知人から聞いた事例で一番ひどいものは、その市の人口すら間違っていたそうだ。

それを見破るためには、相手が営業に来た段階で、またはプレゼンの提出書類の中で、その受注実績とともに最近のプロポーザルの応募状況を聞いておくことだ。そもして、それらの自治体の担当者と連絡を取り、可能な限り情報を収集しよう。

二つ目に注意すべきことは、

プレゼンは一軍だったが、実務担当者は三軍だった

という場合があることだ。これを防ぐ上でも、事業者の受託先の自治体の担当者の話を聞いておくことが役立つ。提案は良かったが実務担当者がダメだった。または、当初の対応は良かったが、だんだん対応が悪くなったという場合は決して少なくない。

その上で、私たち職員としては予算も必ずしも十分でない中で事業者と良い仕事をしよう。さらに予算以上の成果を得られる事業にしていこうと思ったら、「一流の仕事」をすることが一番である。

それはズバリ、

業者の、特に担当者の実績になるような仕事をする

ことだ。その基本は、先進的な事業とすることだ。全国で初めての事業となれば、それなりに業者にとってもPR材料となる。しかし、実務的には、

業者にとって新たな顧客層の開拓につながること

が業者、特に営業にとっては大きいものである。

ある自治体の基幹業務システムの導入において、ある中堅企業がかなり思い切った応札を行って受託した。その中堅企業にとって、その都道府県ではそれまで受注実績がなかったのだ。このため、その自治体の課題を踏まえて、思い切った提案をして大手を向こうに回して受託したのである。それが実績となって、その後、その近隣自治体でも受託を勝ち取っていった。担当者の厳しい注文がそれに役立っている。

こうした仕事をしていけば、しっかりと仕事をしてくれる営業やコンサルタントを見つけて良い形で仕事を進めていくことができる。そうした担当は、また一流の仕事をする。それに加えて、一流を目指す同業・異業種の知人が多い。「人付き合い」を重ねて関係を広げていこう。

なお、一流は時間等に厳しい。また、公私のケジメはしっかりとつけよう。

④ 「プレスリリース」は数を打つ

タテマエ 報道機関への対応は公平でなければならない

ホンネ **プレスリリースは公平に、取材対応は相手に合わせて**

昨今は、シティ・プロモーションとして、自治体の話題を積極的に発信していくことが求められてきている。

しかし、マスコミ対応が苦手という公務員は少なくない。私も、決して得意とは言えないが、あるお世話になった記者に伝授された秘訣があるので伝えたい。

ある取り組みを報道機関に記事にしてもらいたいと考えたとき、プレスリリースを報道機関に出すだろう。しかし、プレスリリースしたところで、あまり記事にはならない。また、記事になったとしても大きな取り扱いにはなりにくい。

そこで、どうするかだ。知人の記者曰く、

プレスリリースは数を打つこと

が大事だという。数を打つことによってプレスリリースが上達するというのもあるが、それによって記者に印象付けられるのだそうだ。

記者には、毎日たくさんのプレスリリースが届いている。しかし、自治体から頻繁に届くことは少ない。このため、どの自治体のどの部署の発信が多いかというのは、かなり強く印象付けられるという。

その上で、もちろん、下手なプレスリリースを数打つことは逆効果になる。ある程度、考えたプレスリリースを打ちたい。その基本は、

プレスリリースそのままで記事になる

ということである。記者は大変忙しい。その中でニュースソースを探し、取材し、記事を書いている。だから、①記事にする理由が明確で、②目を引く写真がある、②見出し・リード文・小見出し付きの5W1Hが備わった簡潔なプレスリリースがありがたいものなのだそうだ。

どんなプレスリリースが最悪かと聞いたら「ダラダラと専門用語をちりばめて書かれた、結論が最後のザ・行政文書」だとのことで、苦笑するしかなかった。

その上で、毎日たくさん届くプレスリリースに埋もれない工夫が必要である。具体的に勧められたのは、

どの自治体かすぐ分かる様式＋担当者の手書き

である。まず、パッと見てどの自治体だか分かるように、プレスリリースの上部は、市町村章やイメージキャラクターを表示したすっきりしたデザインにしておく。そして、見出し・リード文・写真・文章と続けた最後には、問い合わせ先・担当者の氏名とともに、ひとこと手書きでメッセージを書くと目立つ。できれば、ページ上部に手書きでメッセージを書くとよいとのことだった。

実際、都内のある自治体では、広報担当者が奮闘して手書きのプレスリリースを連発して、多くの記事をものにしている。イラスト入りで目を引くのだそうだ。

プレスリリースは、簡潔な内容で広く多くの報道機関に送らなければならない。ここで公平さを欠くと、報道機関から抗議を受けることになる。しかし一方、より大きな取り扱い、記事にしてもらおうとしたら、プレスリリースの情報では足りない。

プレスリリースは、５Ｗ１Ｈが備わった簡潔なものとするだけでなく、**記者の興味を引き、取材させるよう仕向ける**ことが大切だ。取材を受けたならば、記者の取材内容に応じてかなり深く情報提供等を行うことができる。そこで差が付いたとしても、それは記者の取材内容の差である。

なお、知人の記者からは、ひとこと忠告されたので付言しておく。

記者は事実を重んじる。言われた通りには書きたくない

というものなのだそうだ。記者は、自ら取材して、報道に値すると考えるニュースを記事・番組にする。だから、市民目線で知りたいコト、反対側から見るとどう映るかをよく考えておかないと足元をすくわれることになる。

⑤ 「誤報」が出たら好機と考える

タテマエ 正確な報道をしてもらうよう努める

ホンネ 数字等の明確な誤報に突っ込んでいく

報道機関にプレスリリースした／取材を受けた内容と、記事・番組の内容が異なることは、残念ながらよくある。

報道機関との付き合いの中で、皆さんが一番気になるのもそうしたことを防ぐにはどうしたらいいかということだろう。私も同じである。正確な報道を、別の言い方をすれば、行政の意図する方向で報道してもらうようにどうしたらよいかヤキモキする。取材を受けたときは、そうした点を丁寧に説明しようと努める。

しかし、あるお世話になった記者に教わったところでは、基本的には、

報道機関は行政の言った通りには報道しない

ということなのだそうだ。

報道機関は、それぞれの観点から報道するに値すると思ったニュースについて、取材の上、記事・番組にしていく。自治体の担当者の言ったことをそのまま鵜呑みにはしない。読者・視聴者の知りたいコトに即して再構成し、裏付けを取っていく。それは当然のことだ。

そして、その結果、行政の意図とは異なった報道になることがある。しかし、仮に、

誤った見解と考えられる報道でも、言葉のアヤは水掛け論

になって、抗議したところで相手は痛くもかゆくもないということだった。

その記者が教えてくれた、「記者の友達が多い」というある自治体の副市長になった元職員の方の話が興味深い。その方が言うには、

職員時代、記者が数字の間違いをすると必ず呼び出した

というのだ。数字の間違いというのは絶対に言い逃れができない。だから、どんなに

強気の記者でも謝るしかない。相手が誤ったときに、最近の論調について文句を付けるというのだ。その方が続けて言うのは、

一度波風が立つと、人間の関係は深まる

それが、自分に記者の友達が多いコツなのだという。

かなりの高等テクニックだと思うが、実際、それで私もある記者との関係を深めることができた。かなり実践的な方法であるのは間違いない。少し人の悪い話をするとこうした面からも、プレスリリースには、数字や人名等、誤りようのない要素をちりばめておくことが効果的だということになる。

なお、こうして「記者との人付き合い」を深めていっても、結局のところ、記者にとって一番大事なものはニュースだ。関係を続け、深めていくためには、ニュースの元を発信し続けることが大事である。

お世話になった記者の方が言うには、「ニュースがない」ということはないのだそうだ。必ず何かあるとのことである。ニュースの探し方は三つあるという。

①地元の「ブランド」を調べ尽くす

②「他山の宝」を探す

③「あの●●は今」と昔のことを再検証する

まず①だが、地元のことで全国・都道府県内で話題になったことをトコトン調べる。ある取り組みが取り上げられたら、それを徹底的に何度にも分けて出していく。一度記事になったのだから記事になりやすい。

②は他地域で話題になったネタと関連あるネタを出す。言わば、二番煎じ狙いだ。タイミングとスピードが勝負となる。③は過去に話題になったネタの「今」を出す。「あの人は今」の記事版だ。

角度を変えて記事にしていく。確かに、こう考えれば必ずネタはある。

第7章

市民・地域との付き合い方

①

「市民」その人に関心を向ける

タテマエ　市民一人ひとりを公平に対応する

ホンネ　地域の方々の多様な「顔」に配慮する

この章では、市民（町民・村民を含む）や地域との「人付き合い」を取り扱う。

多くの職員は、市民や団体の関係者と「人付き合い」はしていない。要件について

カウンターを介して、または会議室で話すだけだろう。誰にでも同じ対応をすること

が、職員として「公平」に接することだと思っている人も少なからずいる。

しかし、今は協働・協創の時代である。公共課題の多くは、ますます自治体だけでは解決できなくなる。市民や団体に、公共課題を理解していただき、その解決のために気持ちよく汗をかいていただける関係を築いていかなければならない。

やや堅苦しい話になったが、個人としても、事務的な付き合いばかりでは面白くないではないか。市民や地域団体の方々と、顔が見える「人付き合い」をすれば、そうした関係が面白くなってくる。

「市民・地域との人付き合い」の出発点は、当たり前のことだが、

相手のことは名前で呼び掛けること

だ。たまに、「団体名＋さん」みたいな呼び方をしている若手を見掛ける。しかし、

地域の方々にはさまざまな「顔」がある

のが普通だ。だから、肩書ではなく、その人に焦点を当てて付き合う必要がある。

私が納税課長だったとき、ある若手職員がカウンターに来庁された市民を怒らせてしまった。納税相談にいらしたその方に対して、よく事情も聴かず、頭ごなしに納期

限内の納付を求めたのである。

もちろん、納期限内に納付を求めるのは担当者として正しい。ただ、それは相手の事情をしっかりと聴いた上で、相手の状況に合わせて説明していくべきである。

私がカウンターに出たところ、どこかで見た方だった。事情を伺うと、その方は地域で店舗を経営され、福祉のボランティア等にも熱心な方だった。長年にわたって市政に協力してきた。時にはちょっと無理な依頼にも応えてきた。なのに、この若造は話もろくに聴かず頭ごなしに言うのか、そう思ったのだ。

日ごろの市政への協力に感謝を示しつつ、納税の猶予に該当しないのは明らかであったので、延滞金等についても説明の上、納期限内に納付した方がよいことを説明したところ、ご納得いただけた。そういった気配りと対応ができることが大切である。

相手のさまざまな「顔」に配慮することは、審議会・市民会議の委員、事業で協力していただいた団体等との「人付き合い」であれば、なおさらのことだ。

私が参加している薬物乱用防止の活動でお世話になっているある方は、地元企業の経営者で、保護司で、ライオンズクラブの会長や商工会副会長もされた。あるイベントの実行委員として一緒に活動しているある若手は、飲食店の経営者で、その商店会の会長で、バンドマンとしても活動していて、とても顔が広い。そういうものである。

その上で、その人、一人ひとりと向き合ってみよう。なぜ、ある活動にこだわりを持っているのか、幅広くさまざまな活動を行っているのか、そこにはさまざまなストーリーがある。

「市民・地域との人付き合い」では「思い」への共感が大事

だ。相手が、何を大事にして地域で暮らしているのか、ある活動を続けているのか、その「思い」を接する中で捉えよう。

特に年配の男性は、あまり「思い」を口にしないかもしれない。しかし、ご本人が「常識」「当たり前」と思っている中に、その人なりの「思い」が隠されている。その「思い」に触れたと思ったら、それを口にしてみよう。「●●さんは、▲▲をとても大事にされているんですね」。それが通じたとき、距離はグッと縮まる。

なお、注意したいことは、

地域のキーパーソンたちはどこかで幾重にもつながっている

ということだ。あなたの評判も、それも自治体の評判として伝わっていく。一期一会のつもりで接しよう。そうするうちに、応援してくれる仲間ができてくる。

②

「地域ネタ」を毎週三つ用意する

タテマエ 地域の情報にアンテナを張る

ホンネ 「地域の情報」は自分の足で稼ぐ

業務の中で、業務を超えて「市民・地域との人付き合い」をしていくためには、共通する話題づくりが必要である。

広く深く長く「人付き合い」をする上で共通の話題づくりは基本だが、相手は市民・地域団体の関係者なのだから、ここで必要な話題は「地域ネタ」である。

このような話になると、よく「地域の情報にアンテナを張れ」といった言われ方をするが、あまり役立たないアドバイスだとよく思う。役所の中でアンテナを張ったところで「業務上、知り得た秘密」は話せるはずもない。せいぜい広報誌の情報かネガティブ情報が関の山だ。普通の市民・地域団体の方が聞きたい話ではない。アンテナを張れば情報がキャッチできるのは、その人が既に情報が行き交う場、つまり地域で活動・活躍している場合だけである。

「地域ネタ」を探すためには、

地域のイベント・お店等に足を運んで見聞きする

ことが一番だ。なぜ私が「ネタ」と言うかというと鮮度が命だからだ。すごいニュースはいらない。自分が直接見聞きして触れて感じたナマの情報こそが、生きた会話に役立つ。

例えば、出会った方がお店をやっていたら、日を空けずにそのお店に行ってみよう。そして、「●●の雰囲気が良かった」「●●がおいしかった」等、自分が感じた良かった点を伝えよう。なお、気になった点は、ある程度、信頼関係ができてから、相手に求められたタイミングで、言い方を考えて伝えること。

市民には地域に好きな場所やお店がある。地域団体の関係者であれば、その場所やお店の運営に関わっていたりする。そこには強い「思い」があり、自ら足を運んで「いいね！」と話してくれることはわがことのようにうれしい。

その上では、特に最初は「地域ネタ」を数多く仕入れるよう努めることだ。

地域情報は週に三つは仕入れるよう努力する

とよい。秋は三つでも足りない。毎週どこかでイベントが開催されているはずだからだ。お店にしても、季節が変われば、メニューも変わる。

数を仕入れていると、だんだん質も上がってくる。若い頃、私も「地域ネタ」に乏しく、地域の方との会話では話を合わせるしかなかった。しかし、意識してさまざまな場所に足を運んで「地域ネタ」を集めて話すようにしたら、いつの間にか「そんなことも知ってるの?」と言われるようになった。

情報は出すほどに入ってくる「わらしべ長者」の世界

なのである。1カ月が4週としても週に三つ話題を仕入れていれば1年間では144になる。5年も積み上げれば、あなたはある分野ではそれなりに情報通となっている。

ちなみに、私の得意ネタは地域の飲食店だ。チェーン店を避けて地域のお店で食べ歩きをしているうちに、通うお店とともに、そうした情報に感度の高い知人が増えた。4キロ四方しかない小金井市だが、新店・メニュー・逸品・珍品まで、メール・立ち話・Ｆａｃｅｂｏｏｋでいろんな情報が毎日入ってくる。最近は忙しくて、そうしたお店を回り切れていないのがとても残念である。

さて、以上のように「地域ネタ」を足で稼ぎ、情報が入ってくるようになる頃には、あなたは「現場に足を運ぶ職員だ」「地域が好きな職員だ」とされ、「ザ・公務員」的な悪評からはかなり自由になっているだろう。その程度のことで褒められてしまうのは、この業界もまだまだだと思う。しかし、それが得点になると分かっていてやらない手はない。

なお、公務員が「地域ネタ」を扱う上で、ゼッタイに忘れてはいけないことがある。

ネガティブ情報は話さない／秘密は守る

ということだ。例えば、ある飲食店に行って食べたものが自分には気に入らなかったとする。しかし、そのことは話さない。聞かれても、曖昧にしておく。

あなたが話せば、個人として話したつもりでも、必ず「市職員がそう言っていた」ということになるからだ。地域の関係は幾重にもつながり、長年にわたって積み重なっていく。悪評は誰かが覚えていて「語り草」になる。その怖さを肝に銘じておこう。

③ 「意識高い方」と喧嘩友達になる

タテマエ 「クレーマー」には丁寧に対応する

ホンネ 「意識高い方」は議論して味方にする

市民（町民・村民を含む）や地域団体の関係者の方々には「意識の高い方」が多い。窓口等で接している中では、いわゆる「クレーマー」となって、行政に何かとご意見・ご要望をいただく場合も少なくない。

タテマエとしては、丁寧にご意見・ご要望を聴いて、改めるべきところは改めるべきである。しかし、職員としては、忙しい中での対応だし、大半のご指摘は経過等があって現行の制度・運用でいくと整理されたことばかりだ。適度にガス抜きしてお帰りいただきたいというのがホンネであったりする。

本書ではご意見・ご要望には「改善のタネ」がたくさんあるという基本・一般論はちょっと置いておこう。ただ、多くの人から何度も指摘されることは、職場的には理由があるものでも、見直すべきものが多いことにはよく注意しておきたい。間違っているものを正しいように説明しようとすれば、無理が出るのは当然である。

その上で、ご意見・ご要望を窓口等に言ってくる方との「人付き合い」では、

ご意見・ご要望を言っている方の動機や人柄に注目する

ことが大事である。

①ある個人的な主張を通したいためにしつこく文句ばっかり言ってくる人と、②その人なりに自治体のために必要なことだと考えてご意見・ご要望を言っている人では大きく違う。前者の場合には、法務も含めた危機管理的な対応が必要になる場合もある。最近では、ご本人にメンタルヘルスの事情がある場合も増えている。

こうした場合には、ただ丁寧に対応してもらちが明かないので、上司や法務担当等と相談・連携して組織的に対応する必要がある。

注意すべきことは、ご本人自身が①②のどちらと思っているかだ。職員がどっちだと感じたかではない。①個人的な主張にも通じることだが、ご本人としては②自治体

のためと思っていれば、後者として扱う必要がある。

ご本人なりに②自治体のために、ある制度や運用について、または市の政策等について ご意見、つまりご提案があった場合に一番大切なことは、

「自治体のため」という主体的な姿勢を受け止め、感謝すること

である。ここがすれ違うと、大きくこじれる。そして、特に注意が必要なのは、そうした受け止めを職員がしているかどうかは、窓口にいらした市民からすれば、

窓口応対の最初のひとこと・表情から察する

ということである。担当者とのやりとりがこじれて、上司を出せということで私が対応した事例でも、最初のひとこと・表情に「面倒だなあ」という担当者の気持ちが出てしまい、当初から険悪なムードとなってしまっている場合が多い。

「自治体のために」という思いを共有できたら、ご自身の時間を削って調べ、意見を言いに来庁してくれている「意識の高い方」だと思える。そうしたら、

「意識の高い方」の知識・考えを徹底的に吸収する

ことだ。実際、かなりの勉強家の方が多いから自分の業務知識も高まる。貴重な情報源だと思おう。その上、相手の考え方も理解できる。仮に、その後でやり合う必要が出ても「彼を知り己を知れば百戦殆うからず」（孫子）である。

相手と信頼関係を築き、その知識・考えをつかむことができてきたら、

「議論」を仕掛けて「良い喧嘩」をしてみる

ことだ。「議論」は、両論並び立つような答えの出ていないものが良いようである。

「良い喧嘩」とは、意見・結論はともかく、そうした論題に挑む姿勢を良いものと評価できるものだ。そこまでくれば、ホンネで語れる「人付き合い」となる。少し面倒だという気持ちになるかもしれないが、後日、自分の成長はあの人のおかげだと思えるようになる。

④「団体内部」に詳しいと思われる

タテマエ　「関係団体」とは一定の距離を保つ

ホンネ　特定の「団体内部」へのパイプを複数持つ

公務員として仕事をする中で、地域の関係団体と連携・協働する場面は多々ある。関係団体とは、事業等を巡ってぶつかることもある。しかし、なかなか「団体内部」のことは分からず、解決は簡単にはいかない。

このため、「団体内部」に精通した職員は貴重であり、公務員としても強みとなる。ただ、そうした関係を築いている公務員は多くはない。

公務員は公平公正を旨とする。だから、特定の団体に偏らず、適度な間合いを保つことが大事である。しかし、それが往々にして、どの団体にも踏み込まず、一定の距離を保つことになりがちである。そこに「人付き合い」はない。関係団体の側から見ても、毎年のように担当者が交代していくだけだ。

だが、人は、人それぞれに違うものだ。そして、組織は人がつくるものである。団体固有の使命や組織風土というものがあっても、それを担い、動かすのは人である。同じ目標を掲げていても、どのように動いてそれを実現するかは、人によって違う。

だから、大事なことは、

関係団体との信頼関係とは、関係者との良好な「人付き合い」

そのものだということである。ある関係団体との「紆余曲折の経過」とは、現実には「さまざまな思いの交錯する人間模様・ドラマ」である。地域団体の関係者と、人としてつながっていくことができなければ、その人間模様・ドラマを理解することはできない。

ある自治体で、ある事業をある団体と連携して進めようという話になっていた。前会長およびその下の担当者とは良好に話が進んでいたのだが、役員が改選されて担当者も交代させられ、急に話が進まなくなった。新会長は、旧体制の刷新と事業の見直しを目指しており、その背景には前会長との長年にわたる確執があったのだ。

このとき、その自治体では、どうやって予定通り事業を進めたのか。決定打は、新会長の恩人たる地域の名士と、新会長の参謀たる若手メンバー、その2人からの意見だったという。もちろん、偶然ではない。担当者の上司が動いて環境を整えたのだ。

その上司は、前会長とその関係者とも長年にわたる関係を築いていた。しかし、それだけではなく、新会長側の、つまり、前会長とは距離を置く人たちとも関係を築いていたのだ。だからこそ、こうした動きが可能になる。このように、

関係団体とのパイプは複数持っておく

といい。どんな組織も一枚岩ではない。ある団体に精通するためには、複数のパイプを持っておく必要がある。①主流派と②反主流派と③中間派、④上層部と⑤中堅と⑥若手、それぞれとの関係を構築できているといいだろう。

そのときに大事なことは、接点や中身を使い分けておくことだ。例えば、仕事の関係で①主流派、④上層部と「人付き合い」を重ねつつ、他の団体の方を主とする趣味の関係で、②反主流派や、⑤中堅、と接点を持っておく。そうすれば、相反する「人付き合い」をそれぞれ自然に深めていくことができる。

その上で、団体内部の「政治」には関わらず、仮にその場で話が出ても聞き流しつ

つ、秘密を守ることだ。秘密を守ることが、双方からの信頼につながる。

なお、私の経験では、まずは、

「人付き合い」を重ねる関係団体を少数に絞り込む

とよい。ご縁がある関係団体からある程度絞って「人付き合い」を重ね、パイプを太く、深く、複数にしていこう。いわば、自分の「専門」とする関係団体をつくるのだ。長年にわたる関係を築いていけば、庁内であなた以上に詳しい人物はいなくなる。

その上で思うことは、

「キーパーソン」同士はつながっている

ということだ。ある程度、ある団体の関係者と「人付き合い」ができてくると、他の団体との接点がそこから生まれてくる。

「キーパーソン」同士の、掛け算の、自分だけの人脈を育てていこう。大事なのは「人として」付き合っていくことだ。

⑤ 「通う店」をいろいろ持っておく

タテマエ 地域の店・関係者の店は避ける

ホンネ 「気の置けない店」「無理の利く店」を確保しておく

「市民・地域との人付き合い」の最後は「通う店」についてだ。

納税課長のとき、若手と話していると市内のお店は避けるとのことだった。また、地域の方が経営しているお店を外してチェーン店を利用することも多々あった。業務の関係者と会う場合が多いので避けたい。市民に聞かれる場合があるので居心地が悪い。そういう話だった。私が地域の店を利用することを勧めると、経営者が市税を滞納しているので嫌だという話まであった。

国家公務員なら、あまり気にしないのかもしれない。しかし、都道府県や市町村の

職員であれば、

地域の店をできるだけ利用した方がよい

と思う。私たちの給与は市民の税金から支払われているのだから、地域に還元するべきだというのもある。しかし、何より仕事上のメリットがあるからだ。

私は、食べ歩きが趣味で酒好きだから、毎日のように飲み歩いていると思われているが、実は週に1～2回程度しか外では飲んでいない。けれど、週に1～2回市内で飲む中で、いろいろな方に出会う。または、見掛けられている。それが「堤くん、この前は●●の店にいたね」と話題になる。

地域の店を利用することが「市民・地域との人付き合い」

になるのだ。誰かと会う・楽しい時間を過ごす、または生活上のサービスを利用することが「市民・地域との人付き合い」になるのだから一石二鳥である。しかも、どんな店が流行っているか、誰が利用しているかを肌で知ることは、地域生活を肌感覚で身に付けることにつながる。

地域の店を利用することを「市民・地域との人付き合い」にするには、二つのコツ

がある。一つは、

店の関係者の名前を覚えて人と人の付き合いにする

ことだ。「店員さん」「常連さん」ではない。名前を呼び合い、趣味その他の話もして「人付き合い」に持ち込もう。店長・オーナー・常連は、商工会・農協・漁協や青年会議所などの奉仕団体や地域団体のメンバーであったりもするから、そこから輪が広がっていく。

もう一つは、

地域のいろいろな店を利用すること

だ。私の場合、飲食店は市内各エリアのお店を利用し、クリーニング店や理容店は住む地域ではないところを意識して利用している。それが忙しい中で広い地域での「人付き合い」を続けるコツであるし、さまざまな地域へのアンテナ・情報源ともなる。

その上で、

「気の置けない店」「無理の利く店」を最低五つは確保したい

ところだ。

飲む相手に合わせて、店の立地・予算・料理・雰囲気が合った店を使えるようになるためであるが、それだけではない。長年通うことで店の雰囲気等をつかみ、店長だけでなくスタッフや常連の気心も知れるようになる。それが大事なことなのだ。

私の知人の話であるが、ある事案に対応するため、地域の関係者も交えて市長以下数人で秘密裏に、ある店の個室を取って会合を行った。しかし、会合の日時と参加者が誰かが漏れてしまって大いに困ったそうだ。後で情報の出元を調べてみると、その店に最近入ったアルバイトが、反対の立場にある方の親戚で、そこから漏れたようだということだった。

私も、ある会合でいつもの店を利用しようとしたときに、その日の話題には微妙な関係のある客が予約していることをそれとなくマスターが知らせてくれ、助かったということがある。鉢合わせを防ぐために、出入口が二つある店を使うこともあった。

地域の店を楽しく利用しよう。その上で、その店のことにも詳しくなっておきたい。

第8章

議員との付き合い方

① 議員の「プライド」を侵さない

タテマエ　議員は分け隔てなく対応する

ホンネ　議員の後ろに多数の有権者を見る

第2部の最後は、議員との「付き合い方」である。

公務員として、議員とどう付き合うかは悩ましいところだ。特に管理職にとっては、議会での質疑・議決に関係して、大いに悩むところだろう。

いわゆる「口利き」に応じてはいけない。組織的に対応していくことが必要であるのはもちろんだが、大小の要望・要請にどのように対応していくべきか、そして、そうした要望・要請を行うことも役割である議員各位との「人付き合い」をどうするかは一口には言い表せない。

議員は選挙で選ばれた市民の代表であるから、タテマエとしては、会派・主張にかかわらず公平に、分け隔てなく対応するということになる。しかし、現実はそうとは限らない。議案に対する採決態度に応じて、話す内容が変わってきたりする。いわゆる与党と野党では、対応に大きく差を付ける自治体もあると聞く。

だが、時には議案を巡って厳しい追及を受ける場合があるからこそ、議員各位と信頼関係を築いていく「人付き合い」が重要になる。そして、信頼を得るには、

議員各位と「顔の見える関係」を築くこと

が大事であると、これまでの経験からも思う。ポイントは、特定の議員だけでなく、多くの議員と、ということだ。自治体の規模やあなたの立場によっても異なるが、可能ならばすべての議員とそうした関係を築ければ、それが一番である。

そのための具体的なコツは、この章で順次説明していくが、まず押さえておきたい

ことがある。議員という人たちに特有な、私たち公務員には必ずしも理解できない強烈な感情があるということである。それは、

議員は市民から直接選ばれた代表である

という自負だ。この思いを理解できなければ、議員との「人付き合い」はできない。

実際、議員というのは大変な職業だ。選挙活動の費用も負担して選挙に立候補する。負ければ「ただの人」である。それは、人生を賭けた大変なリスクである。落選した方のお話を聴いたことがあるが、自分という存在を否定されたような衝撃であるという。ある種、特別な志を持って生きている方々であり、私などにはとてもまねができない働き方であると思う。そして、議員として活動する方がいることは、地域の自治にとって不可欠なことである。たとえ、立場上、主張がぶつかる議員であっても。

だから、議員との「人付き合い」においては、

議員の「選良」というプライドを傷つけない

ことは絶対だ。議員はこうした点に非常に敏感であり、それが職員、ひいては行政への不信感につながってしまう場合がある。

議員も人間である。例えば、ある法制度等にはあまり詳しくない部分もあるかもしれない。そのとき、「そんなことも知らないのか」という態度は厳禁だ。一人の議員の後ろには多数の有権者がいる。その人たちをまとめて馬鹿にしたことと同じである。仮に、ご存じないことがあったとしたら、丁寧にご説明するのが私たちの仕事だ。

議員との「人付き合い」では、そのプライドを大事にしよう。一市民としての立場を超えて、なぜ議員となろうと志したのか、その思いを理解するように努めるとよい。そこを押さえておけば、何かでぶつかることがあっても信頼関係は損なわれない。

なお、たまに職員と話していて感じるものに、議員と個人的に親しくなれば議会での追及等を受けないという「勘違い」がある。

議員は信じる公益のために、会派の筋道に沿って行動する

ことを肝に銘じておきたい。「政治」は厳しいものであり、個人的な関係など通じないと思っておこう。

むしろ、個人的な親疎や好悪で議員の態度が変わるとしたら要注意である。その場合には、何か特別な利用価値があると思われているか、そもそもあなたの言動が補助機関の範囲を超えて、行政を損なう域に入っている危険性がある。

②「若手議員」に丁寧に対応する

タテマエ 「大物議員」への丁寧な対応が肝要である

ホンネ 新人・若手議員への丁寧な対応には大きな価値がある

議会は、議決機関である。

だから、最後は数がモノを言う。このため、影響力の大きな「大物議員」への対応が肝要である。これが多くの公務員の感じているところだと思う。

もちろん、それは間違っていない。「大物議員」への対応が不十分だったばっかりに、議案が通らなかったりしては大変である。

だが、このことの裏返しからか、新人・若手議員への対応が丁寧さを欠く場合が少なからずあるように思う。あるとき、他の自治体の若手議員が、当局の説明が「大物議員」重視となっており、自分たち若手へはあまり丁寧に説明してもらえないことの不満を口にされていたのが、とても印象的だった。

大きな志を持って立候補し、晴れて当選して議員になったとはいえ、新人・若手議員には最初は分からないことばかりであるのは当然だ。特に、行政内部のことは分かりにくい。職員との関係づくりもこれからである。たとえ、地域活動等で市民として一定の関係を築いていたとしても、議員として別の角度からやっていく必要がある。

逆に言えば、「大物議員」の皆さんは、豊富な経験から多くのことをご存じである。一つのことを説明するとしても、概略を説明しただけで背景まで察している場合が多々ある。だから、

新人・若手議員にこそ丁寧に説明すること

はとても大事である。感謝もされ、その後の「人付き合い」につながるだろう。

そのときに気を付けたいことは「丁寧」の中身だ。議員に配る資料等は、議員全員に同じものとする必要がある。このため、あまり初歩的な説明を書き込めない場合もある。だから、議員の表情・口調・質問等をよく観察して、理解しにくいのだと思われるところを補っていくのがよい。つまり、議員への説明・対応では、

議員へは「一律の説明」と「個別の対応」を心掛ける

ことだ。すると、無用な誤解を防ぐことができるし、この「キャッチボール」を「丁寧」に行うことが、議員との「人付き合い」に、そして、議員と行政の立場を超えた信頼関係づくりにつながっていく。

議員は選挙で選ばれた存在だ。あまりに基本的な事柄は、自分から質問しにくい場合もある。私の経験でも、会派への説明の中で表情等から読み取って補足して説明することが大事だ。また、後で個別に「●●の部分が分かりにくかったかもしれませんが」と説明に回ってみたことが、「あのときは助かった」と感謝されたこともある。

新人・若手議員の皆さんがスムーズな議員生活のスタートを切り、議会において行政と良い質疑ができることは、地域の自治にとって有意義である。特に、新人・若手議員にとっては、ある質問が、質疑の中でどのような展開につながるかをイメージできない場合が少なくないが、部局と「丁寧なキャッチボール」をする中で予想することができるようになってきたという話も伺ったことがある。

もちろん、立場上、話せないこともある。新人・若手議員には、どうして行政として今話せないのかが分かりにくい部分もあるが、そうした点こそ「丁寧なキャッチボール」が必要だ。

新人・若手議員との関係づくりは、私たち公務員にとっては、その後の長い展開のためにも必要だ。当たり前のことだが、

いずれ新人・若手議員が当選回数を重ねて委員長・議長になっていく

からだ。議員の皆さんにとっても、長い議員生活ではいろいろある。その中で、当選直後のこと、若手としての苦労は、何年経っても印象深いことだという。その苦労を分かち合うことは、とても大きなことなのである。

ある自治体で、ある議員とある部長の折り合いが悪いという話があった。別の議員が言うには、その議員とその部長は十数年前の議会対応でひと悶着あったのだという。

それだけで現在も折り合いが悪いというわけではないだろうが、一度方向がズレるとその方向で好悪の感情が積み上がってしまうものだ。最初の方向付けが、その後の「人付き合い」に大きく深く影響する。よく心しておきたい。

③ 議会・役所以外の「接点」を持つ

タテマエ　議員への対応は議場・控室・会議室が原則

ホンネ　議会・役所以外の接点が「人付き合い」を深める

議員とのやりとりは、基本的には議場で行われるものである。それに先んじた質問取り・答弁調整などが控室で行われ、また、個別の案件について議員として部局から話を聴きたいという場合には、会議室等で対応することもあるだろう。いずれにしても、議員対応は議会・役所内で行われる。

もちろん、これが基本であるが、これだけでは議員との「人付き合い」になりにくい。「人付き合い」とするためには、肩書や役割だけでなく、人と人として「顔の見える関係」を積み重ねていく必要がある。

「顔の見える関係」には、仕事の上での「人付き合い」である以上、業務に対する姿勢や考え方という側面が、まずある。このため、議員とのやりとりの中で、

自分の業務に対する姿勢や考え方がどう受け取られるか

に気を配っておく必要がある。

ABCモデル（アルバート・エリス）の通り、コップの中の水を見て、「もう半分しかない」と思うか、「まだ半分もあると思うか」は、その人の受け取り方（Belief）によって大きく異なってくる。だから、相手の人となりを知らなければ、相手がどう受け取るかを理解することはできない。

自治体において、議員はある会派・立場から、二元代表制の中で首長・行政に対峙《たいじ》して、ある政策の実現を目指す存在だ。一方、私たち公務員も、首長の補助機関として、法制度の枠内において、時には新たな制度・仕組みをつくりながら、その政策を推進する役割を負っている。

議会・役所の中での言動は、そうした役割に沿ったものであるため、なかなか人としての素地が出しにくく、立場と立場のぶつかり合いとなり、お互い腹を割って話し合うのが難しくなる場合もある。

こうしたすれ違いを乗り越えていくためには、

地域のイベント等での自然な「接点」がとても役立つ

ことを覚えておくといい。

議員は、地域活動に熱心である。特に、その地盤となる地域の行事等にはマメに顔を出し、ボランティアとしても働いてそうした行事等を支えているものである。だから、そうした場に顔を出すことで、自然な「接点」を持つことができる。

小金井市には17の商店会があり、それぞれに魅力的なイベント等を行っている。議員は商工会の参与であり、また、議員によっては事務所のある商店会のメンバーになっている。商店会のイベントに足を運ぶと、自然とその地域で活動する議員にお会いすることになる。「お疲れ様」と声を掛けていただけるものだ。

同じように、議員が事務局をする等、関わっている地域活動もある。そうした場のうち、特に議員となる前からその議員が関わっている場に顔を出すと、地道な裏方として汗をかいていたりする。議員としての顔とは違う家庭人・地域人・趣味人としての姿を見ることができて、その真摯《しんし》な姿に頭が下がることがよくある。

このような場でお会いしたときに大事なことは、

議員への敬意は忘れずに、しかし一市民として接すること

だ。議員にとっては、地域にある限り議員の看板は外せない。どんな活動をしても、議員として市民から見られている。しかし一方で、市民としての多様な関わりの中でそうした活動に携わっており、議員だからというだけで参加しているわけではない。そうしたことを理解せずに、地域の場で、職員対議員として議会・役所についての話ばかりしてしまっては興ざめである。そうした話は、議会・役所ですればいい。議員の異なる顔を見て、議員と人と人として付き合っていく機会と考えるといい。

そのため、

自分も家庭人・地域人・趣味人としての姿を少しだけ見せる

といい。例えば、イベントに子連れで顔を出す。そんなところから、互いの子どもの話とか素の会話が自然と盛り上がって「人付き合い」につながっていくだろう。

④ 「提供できる情報」を見つけておく

タテマエ 公式情報しか議員には話せない

ホンネ 議会には「提供できる情報」を自ら出していく

行政報告等の議会への情報提供は悩みどころ。

調査中・検討中のことは、まだ最終的にどういった形になるのか分からないので、なかなか議会に出していくことはできないものだ。また、関係者との下話ができた上でないと話せないこともあるだろう。どうしても、ホームページに出している公式情報、つまりは手堅いところしか議員に話せないということになりがちである。

しかし一方、議員の立場からすれば、前回の質疑で「検討する」とされた後の進展等について把握したいと考えるのは当然である。また、議員である自分が知らないことを、支持者等からどうなっているか聞かれたとしたら立場がない。

こうした中で、必要な情報を提供して議員・議会の理解も得ながら業務を進めていくためには、

議会に合わせて「提供できる情報」を作っておく

ことが必要となる。

私が行政経営担当として所管している行財政改革については、市議会に行財政改革推進調査特別委員会があるので、年4回の定例会中と、その合間にある閉会中の委員会において、この間の取り組みについて報告することになっている。それに連動して、庁内の行財政再建推進本部や市民参加による行財政改革市民会議でも検討を進めて三者一体の推進を心掛けることになる（なかなかタイミングが合わずに苦慮するのではあるが）。

庁内、市民参加、共に重要であるが、議会は選挙で選出された議員による二元代表制の場、そこでのやりとりを基軸に組み立てていくことが重要だ。議員は、日々多くの情報に接するから、庁内・市民参加のいずれかで新たな話が出ても、いずれ知るところになる。だから、初めから議会を基軸に情報を出す姿勢を持つことが大事だ。

ある自治体において、ある案件について審議会では詳細な情報を示して検討状況を説明したが、議会にはどういった経過か示さなかったところ、議会が紛糾し、結局のところ、資料要求があって謝罪の上で提出することになったという。部局としては特に他意はなかったそうだが、議会は厳しい展開となり、大変だったそうだ。

議員・議会に対して出せる情報を自分から出す姿勢を保つことは、

行政が「不都合な情報」を隠しているという誤解を防ぐ

上で効果的である。うまくいったことはPRしたいが、効果が不十分なものについてはあまり出したくないという意識が働くのが人情である。ただ、行政はとかく「不都合な情報」を隠すものだと思われがちだと思う。そのため、そうした誤解を招かない姿勢は、議員・議会との信頼関係を築く上で重要である。

そのためには、例えば事業の成果やコストを示す重要な数値については、毎年、集計結果を報告するようにすればよい。そうすれば、良くも悪くも、その事実に立脚して、それをどう評価し、どのような対応が求められるかという建設的な議論が中心になる。報告のルールがないと、報告の是非について庁内で議論することになりがちだ。

その際に注意したいことは、

議会全体、議員全員に対して情報を出していく

という配慮だ。その問題については、賛否いずれの側にせよ、さまざまな議員がいろいろな形で関係していたりする。だから、全体・全員に対して伝えていく姿勢が大事である。

そんなことは当たり前だと分かっている人はいい。けれど、その問題に直接的な関わりが深い議員にだけ伝えてしまったりしがちである。ある議員が知っていたのに、自分は知らなかったということは、議員にとっては耐え難く面目に関わる場合がある。そして、議員でない私たち公務員には、なかなかその厳しい思いは分からない。だから、特に意識しておくべきことなのだ。

「しっかりと出すべき情報を出している」という信頼が得られるようになれば、もし、どうしても今は話せないことがあるとなったときでも、あの職員が話せないというからには特段の事情があるに違いないということを理解していただけるようになる。もちろん、立場上、議場では一定のやりとりとなるかもしれないが、それでも根底に長年の信頼関係があれば、落ち着くべきところに落ち着くものである。

⑤ 話さずに「呼吸」で察してもらう

タテマエ 職務上、話せることと話せないことがある

ホンネ 話せないことを察していただくことも大切である

まだ確定していない情報、検討中の方針や計画、そして、他の自治体にも影響が出かねない機密情報等、職務上、話せないことがある。

職務上、話せることと話せないことがあるというのは議員・議会に限った話ではない。しかし、議会は二元代表制の一翼を担う存在であり、調査権を持っている。それが議会での懸案に関わってくる場合には、話すことはできないが、それが元となってぶつかり、例えば議案が否決されるような事態は防ぎたいと思うことだろう。

そういう場合には、どうしたらいいのか。この章の最後は、その話で締めくくりた

い。結論から先に言えば、タイトルの通り、

話さずに「呼吸」で察してもらう

これしかない。何と言っても、話せないのだから（苦笑）。

そのためには、長年の「人付き合い」に裏付けられた信頼関係が重要である。前項の話ではないが、あなたが話さない／話せないとするからには特段の事情がある。単に「不都合な情報」を隠しているのはあり得ない、そう信頼されていることが不可欠である。議員との「人付き合い」の奥義とも言うべき、難しい技だ。技というより、高い信頼関係を築き上げた中で結実するもので、狙って行えるものではない。

だが、どうしても話せないことで、しかも、それが核心である事柄で議員・議会と衝突するような事態においては、繰り返しとなるが「話さずに『呼吸』で察してもらう」しか方法はない。

その事例として具体的にどんなことがあるのか、具体的なエピソードは挙げづらいが、例えば、道路拡幅に伴う用地買収などで仮に進捗が遅い理由を質されたとしても、誰とどのような交渉をしているかを明らかにすることはできないだろう。交渉状況を近隣に伏せている方は少なくなく、用地買収交渉、つまりは事業の進捗に大きく影響

しかねない。また、せっかく交渉に応じてくださった方に多大な迷惑を掛けかねないからである。

実務上の核心は、例えば管理職となったばかりのところで、そのような微妙かつ困難な案件が降りかかったときにはどうすればいいかだ。もちろん、自分には、先に述べたような議員・議会との信頼関係はまだ築き上げられていない。

その場合には、自分にはそうした信頼関係がないのだから、

強い信頼関係を持つ上司に相談し、助力を仰ぐ

しかない。考えれば当たり前のことだが、非常に難しいことだ。

なぜ難しいのかと言えば、経験不足の中ですぐに状況を見定めて、自分だけでは対応できない、上司の力を借りるしかないと即断する必要があるからだ。そうしないと、話せる/話せないという押し問答を議員と繰り返し、問題がエスカレートしていくことになりかねない。そうなってしまうと、感情的なシコリも大きくなって、議員としても振り上げたこぶしの下ろしどころが難しくなってしまう。

しかも、現実的には、「話さずに『呼吸』で察してもらう」だけの信頼関係が上司と当該議員との間にもない場合があるのである。だから、成否を分かつのは、

その議員と強固な信頼関係があるのは誰か

を見定めることなのだ。経験不足の中で、この判断を過たずに行うことは、自分自身で信頼関係を構築する以上の難題である。

市民の代表として、厳しい選挙を戦い、そして「政治」の中に生きる議員との関係は時にとても厳しいものになる。だから、早い時期からの「人付き合い」が不可欠である。管理職になってから全員とイチから関係を築き上げようとするのは、私からすると不可能に近い。もし、議員との「人付き合い」をあまりしないならば、その分、庁内で議員と強固な信頼関係を築いているのは誰かということに精通していなければならない。

しかし、実際のところ、いきなり立候補する人はまれだ。多くの議員は、立候補以前から地域活動を行い、その中で立候補することを期待され、その支えの中で議員活動をしている。だから、市民・地域との「人付き合い」こそが大きな助けとなる。

第3部

自己啓発編

第9章 業務外での庁内外の職員との付き合い方

第10章 研究者・学会・出版社等との付き合い方

第11章 異業種・ネットでの付き合い方

第9章

業務外での庁内外の職員との付き合い方

①「面白い人」に会いに行く

タテマエ　仕事で大事なのは能力と実績である

ホンネ　人脈がその人の仕事上の価値となる

能力・実績と同じくらい人脈が重要である。

第3部では「自己啓発編」として、業務外での「人付き合い」の広げ方・深め方を扱う。第9章では「業務外での庁内外の職員との付き合い方」について説明する。

公務員の仕事で、特段の才能を必要とするものは、ほとんどない。その中で、職員としての仕事のレベルの高さ・幅・深さを決めるのは、積み重ねてきた経験と人脈である。しかも、経験と人脈は背中合わせの関係にある。広く深い経験が人脈を広げ、広い人脈が経験の幅を広げ、深めてくれる。公務員人生の中盤から後半にかけては、能力・実績と同じぐらい人脈がその人の仕事上の価値となってくる。

さて、第9章のテーマは「業務外での庁内外の職員との付き合い方」だが、多くの公務員に「年数を重ねる中で自然と人脈が広がる」という誤解があるのを感じる。

年数を経れば、異動して数多くの業務を担当する中で、新たに接する職員・関係者が出てくるから、知り合った人の数は確かに増えていく。だから、人脈も自然に広がる一方であると思われがちだが、知り合った人の数がイコール人脈とはならない。

あなたの周囲を見回してほしい。むしろ、

固定的な人間関係の中で日々を過ごす40代・50代は少なくない

というのが、公務員の現実ではないだろうか。

拙著『公務員の「出世」の作法』（学陽書房　2018年）の中で所沢市職員の林誠さんが書いてくれたように、役所の中にいると、いろいろな人のおかげで何とかなってしまうし、周りの人も立ててくれたりする。だから、知らず知らずのうちに、その居心地のいい世界の中だけで仕事をするようになりがちだ。

その一方で、自分の人脈のうち、年配の方々はどんどん定年退職を迎える。だから、

自ら動かなくては人脈はどんどん狭くなってしまう

ものだ。一定の役職を得ていたりすると、なおさらである。

特に年数を経てからは、自ら動いて、普段周りにいる人たちとは違う人たちとの接点を意識して作っておこう。そうしないと、気付いたら自分と似たような考え・立場・年代のいつも同じ顔触れで集まるだけになっていた、なんてことになりかねない。

では、「動く」と言っても、どうしたらいいのだろうか。私は、

「面白い人」に毎月自分から会いに行く

ことが一番だと思っている。損得とか、すごい人とかではなく、「面白い人」だ。

自分の仕事にとって損か得かで選んでしまうと、確かに業務で役立つかもしれないが、本当に会いたい人ではなければ続かない。また、目の前の業務を超えた人たちとの接点は作れなくなる。能力や実績がすごい人というのも、然りだ。結論的には、現

在までの顕在化した実績でしか計れなくなる。それでは、一定の地位・年齢以上の人だけを対象としているということと同じである。むしろ、若手にこそ注目すべきだ。

そんな話をしていると「面白い人」が周りにいないと話す人がいる。幅広い人のために働く公務員なのに、人に対する好奇心が摩耗しているとしたら、かなりの危険信号だが、既に狭い交友範囲に陥っている人もいるだろう。そうした人にちょっとしたコツを伝授すると、

「感度の高い人」が「面白い」という人に会いに行く

とよい。周りに「感度の高い人」がいなければ、『ガバナンス』等の業界誌で取り上げられている人から攻めてみよう。研修や自主研の講師等、会える機会は頻繁にある。

なお、定期的に自分の人脈が固定的になっていないかをチェックすることをおススメする。そのためには、

過去3カ月間に新たに出会った人が何人いるか手帳と名刺を確認

すればいい。特に、業務の延長上ではない意外な出会いが何件もあるならば安心だ。

②「お偉方」との関係は秘めておく

タテマエ 外に出て人脈を広げていくべきである

ホンネ 目上との関係はできる限り秘めておく

公務員にとって人間関係は人事だ。外に出て見聞を広め、人脈を広げる必要がある。そう折に触れて指摘されるのに、そうしたことを多くの職員が語らないのはどうしてであろうか。

残念ながら、外に人脈を広げる職員は多くはない。人数として一定数はいても全体から見れば少数派である。しかも、外に出て人脈を築くのに余念がない人であっても、それを人に語ることは少ないというのが本当のところだ。

なぜなのであろうか。その理由を語る人も少ないが、それは、

「出る杭は打たれる」公務員の世界では「百害あって一利なし」

だと考えられているからだ。外に出て見聞を広げることは、逆に言えば、庁内や職場の現状に飽き足らないものを感じているということと受け取られる。または、「意識高い系」として職場の秩序を乱しかねない、そう思われると思うからだろう。

ある自治体の人事担当が残念がっていたが、実際のところ、人事・財務・法務などのエリート部門にいる人材は、必ずしも外に出て行かない。内部にあって、その系統のグループ内で親交を深め、結束を強める傾向があると言っていた。そういう部門にあっても研鑽《けんさん》を欠かさない人たちを、私は少なからず知っているが、割合からすれば少数派であろうとは思う。

私が東京都多摩地域の研究会への参加が許された際には、

係長になるまでは研究会のメンバーであることは言ってはいけない

と、故 松下圭一先生（法政大学名誉教授）に強く念を押されたものである。実際、他の自治体で、学会での発表がきっかけとなって、職員が左遷された等の事例も目の当たりにしてきた。

現在では、多くの自治体で、若手を中心とする多くの職員が、自主研修活動に取り組んでおり、それを応援する首長・上層部の方も少なくない。このため、私が研究会に参加した15年前とは状況も変わっているだろう。しかし、首長が変わって、庁内の雰囲気が一変したという話も聞く。

このため、自分の強みを磨き、それが認知され、ある種、キャラ立ちして庁内での立ち位置が決まってくるまでは、また、ネットワークの中で自然と評判が得られるようになってくるまでは、油断しない方がよいと私は思う。というか、むしろ、人脈はなのである。

自分の立ち位置を腹決めしてから表に出すもの

ある人たちとの関係が、自分の評判を左右し、その影響が心配である間は、まだ秘めておくべきなのだ。キャラ立ちして、そうした関係も含めて自分の公務員人生だと思えるようになって初めて、それは生かしていけるものとなる。そういう意味では、現在では「係長になるまで」秘めておく必要はないと私も思う。自分が、特有の存在として独り立ちする中で、その人脈もその一部となるのだ。

ただし、庁内外の「お偉方」との関係は、やはりまだ秘めておくべきだと思う。

「お偉方」との関係は庁内の警戒・反発を招きやすい

からだ。「お偉方」の立場と経験に裏打ちされたアドバイスは、かなり有益なものである。しかし、大事なのは、そのアドバイスの中身であって、誰が言ったかではない。まして、庁外の方との関係は、庁内では直接関係はない。特に、外の人脈を持たない人ほど、外のことに反発を強める傾向がある。それが自分の弱点だからだ。

歴史的に見れば、庁内が内向きで済んだのは、自治体と公務員の世界が比較的安定していたからにほかならない。しかし、変革の時代にあって、組織が内向き志向を強めることはままあるものである。

人脈は水面下で広げ、その中での自分の成長に焦点を当てていこう。いずれ、人脈をフル活用して勝負を挑まなければならないときがくる。それまでは、「お偉方」との関係を特にあなたを警戒する人たちにつかませないように注意しよう。

③「参加する場」は次第に絞り込む

タテマエ 「参加する場」は多いほどよい

ホンネ 幅を広げつつ「主たる場」を次第に明確にする

あなたが庁内外の職員、関係者や市民・地域との「人付き合い」を重ねていく中で、次第に多くの場に誘われるようになるだろう。

ちょっとした飲み会や会合から、イベントや自主研修会への参加、そして、そうした場の実行委員や主催者として、「一緒に行こう」「一緒にやらないか」と声が掛かるようになる。それは、あなたの「人付き合い」が、また、「人付き合い」の中でのあなたが、価値あるものとして認められてきた証しである。

ただ、「参加する場」が多ければいいかというと、もちろんそうではない。時間的にも、**関わり方を変えなければ同時に多くの場に参加するのは困難**である。ある程度は、個人のバイタリティでカバー可能かもしれないが、それは短期的なものである。少なくとも、本人の意欲・能力・経験を超えて参加し続けることは難しい。業務に支障を来す恐れもあるし、いろいろなところに無理が出る。

ただ、私の経験から言っても、**最初は「参加する場」を広げることで自分の幅を広げる**ことは大事である。

私は現在、公務員としての活動では東京都多摩地区の研究会のほか、自治体政策経営研究会の幹事、有志による公務人財開発実践会のメンバーである。その上で、小平市職員有志による自主研「Ｋ－ｕｐ」等に参加したり、またお声掛けいただければ講師を務めたりしている。

地域活動では、薬物乱用防止活動「子どもたちを薬害から守る実行委員会」の事務局として活動するほか、「小金井楽しい人の会」の発起人を務めた等、その時々によって変わるが、毎年八つぐらいの活動に参加している。

これらは、最初から意図して参加したわけではない。研究会は、尊敬する先輩から誘われて、よく分からずに参加することになったというのが正直なところだ。薬物乱用防止活動も、先輩に誘われて講演会での一日限りのスタッフとして参加したはずが、いつの間にかメンバーになっていた。

だが、今はそのご縁に感謝している。やってみないと分からないことは、本当に多いものだ。そして、

地域活動は「掛け算」の世界

で、地道に活動している中で「いいね！」と思われるようになると、声が掛かる数が倍々となっていく。そして、幾つかの異なる活動に参加してその役割を果たしたことが、経験からも人脈からも地域人財としての価値を高めることになるのだ。

私たち「子どもたちを薬害から守る実行委員会」は、地域の中学校・高等学校との連携を重視している。それが、中高生を、麻薬や危険ドラッグ等の薬物乱用から守ることにつながると考えるからだが、地域の中学校・高等学校との連携が私たちの団体の強みだ。その関係からスポーツや福祉の団体からの依頼で、私たちが学校との連携

をつないだりもする。活動を重ねていく中で、コーディネーター・プロデューサーとしての動きが次第にできるようになってくる。

しかし、もちろん、幅を広げると言っても限界は来る。だから、

自分の「主たる場」を次第に絞り込むこと

が不可欠になってくる。その上で、自分の役割や目的に応じて、関わり方を意図的に選択することが必要になる。そのためには、関わり方を変えていくことが大事だ。

私の場合は、薬物乱用防止活動では、毎年毎月の活動を事務局として支えなくてはならない。そして、東京多摩地区の研究会を中心とした活動にはメンバーとしてできる限り参加するようにしている。その上で、その他の活動ではイベント当日は駐輪場係をしている等、若手を支える役に徹してメリハリをつけている。

重視する活動に集中するために、毎年1回、参加する活動と参加回数を振り返ろう。強く意識しなければ見直すことは難しい。

④「ついで」「接点」で関係を保つ

タテマエ　人脈を保つためには「マメさ」が大事

ホンネ　幅広い関係を重ねていく「工夫」が大事

庁内外との「人付き合い」を重ねていく中で、あなたの人脈は広がっていく。次々に新たなご縁が舞い込む中で、どうやって旧来からの関係を保ち、より深いものにしていけるのだろうか。そのためには、もちろん、

ご縁のあった人たちとその後も会い、話をする機会を確保する

ことが不可欠だ。せっかくのご縁も、放っておけば疎遠になってしまう。

この点で、幅広い人脈を持つ人たちには「マメな人」が多い。例えば、地域のある

方は、丁寧な手書きの礼状を送ることで知られている。ある会合の後、末席にいただけの私にまでメッセージを添えた礼状を頂戴したときにはうれしかったし、強く印象付けられたのを覚えている。メールにせよ、相手の職場への顔出しにせよ、ちょっとした声掛けにせよ、多忙を極める中でも多くへの気配りを欠かすことがない。

しかし、それは「人付き合いの達人」というべき人たちの姿だと私は思う。「人付き合い」が好きであり、それを職業上の強みにしようとする人が磨きをかけてたどり着いた境地なのだ。私のようなズボラな人間には、そうした「人付き合いの達人」のような「マメさ」はまねできない。残念だがまねしても続けられない。

「マメさ」を身に付けようとして何度か挫折し、ようやく私はそれが自分には無理なことに気付いた。そして、現在では、無理のない少ないアクションで「人付き合い」につながるように、次の三つのことに気を付けるようにしている。その第一は、

初対面・会った直後に自分のことを一つ印象付ける

ことだ。例えば、ある会合でAさんの面識を得たとする。しかし、Aさんにとっては、当日に出会った数多くの関係者のうちの一人にすぎない。だから、短い会話で何かキーワードが残るような話をしておく。例えば、共通の友人Bさんのことについて一言二

言交わし、自席に帰ってすぐに「Aさんのことは、いつもBさんから伺っています。本日はお会いできて大変嬉しかったです」といったお礼のメールを出すのだ。

なお、筆不精な私が真っ先にお礼メールを出すのは、それが一番ラクだからだ。お礼もしないままスルーしてしまうことを防げるし、文章が短くても、また、その後の返事が多少遅くなっても許される。誰に対しても、自分から先に出すようにするとよい。

工夫していることの二つ目は、面識を得た後の関係の保ち方として、

何かに関連付けて「ついで」に職場に顔を出す、連絡を取る

ことだ。近くに行ったときに相手の職場に顔を出す、何かあったらその件にちょっと関係がある人にもメールする。それだけだ。何てことはない。しかし、威力は大きい。

私は東京都内の自治体に勤めているので、年に数回は都庁出張がある。そのたびに「今度、都庁に行きます」と都庁やその近くの自治体の知人にメールする。すると何人かから「昼飯を一緒にしよう」「その日は無理だけど今度飲もう」等とお誘いいただける。

「わざわざ」連絡を取ったり、会ったりするのは大変に思えても、「ついでに」する

ことにはそこまでの負担はない。それでも、1年間で見ると、「ついでに」連絡を取った、会うことができた人とその回数は結構な数になってくる。

工夫していることの三つ目は、

定期的に会う／連絡する「接点」を確保しておく

ことだ。自主研修や研究会の場がその最たるものだが、そのほかにも定期的に飲む会などを持っておく。また、ある人とは毎年あるイベントに一緒に参加している。そうすれば、特段の連絡を意識して取れていなくても、そうした「接点」でつながり、そのつながりを深めていくことができる。

例えば、私は幾つかの忘年会と新年会の万年幹事になっている。ズボラな私でも、忘年会シーズンが近づいてくるとメンバーに連絡するし、メンバーからも連絡をいただく。特に幹事となれば、新たなメンバーも誘いやすい。

幾つかの「人付き合い」を重ねていくことで、新たな出会いも広がる。そうした「工夫」をしていこう。

⑤

「パイプをつなぐ」人になる

タテマエ 「パイプ」は自分の強み・財産である

ホンネ 「パイプをつなぐ」人こそ組織の財産である

人脈を太く深く育てれば、異なる組織と組織をつなぐ「パイプ」となる。相手の組織のキーパーソンと信頼関係を構築して、その考えと動きに精通し、こちらの考えを通せるようになることは、大きな強みである。

庁内の部署同士、他の自治体、そして、地域団体など、組織と組織の関係は、必ずしもスムーズにはいかない。公務員には企業秘密なく教え合う文化がある一方で、守秘義務があるために組織の内情を他者に話すことはなく、組織の壁は厚い。組織風土など、外から見ていても分からないものも多い。

こうした中で、公式な関係、普通の関係では伝わらないことを、通してしまえるからこそ「パイプ」なのであり、外との接点を求める人が必ずしも多くない公務員においては、特に有用で希少価値の高い「パイプ」を持つには、

キーパーソンとの信頼関係＝貸し借りを大きなものとしていく

ことに尽きる。単なる人対人の信頼関係を超えて、その「パイプ」に何を通せるか、その内容と大きさは、これまでの貸し／借り、つまり与えた情報と受け取った情報、融通した頼みと依頼した頼みを重ねていく中で分かることだからだ。

ある自治体で、実施に向けてA課とB課で連携しながら準備を重ねてきた事業に、B課から急にストップがかかった。A課の担当者がB課の担当者と話しても、新たに異動してきたB課長が「時期尚早だという判断だ」と言っているということしか分からない。B課の担当者としても、急な方針変更に驚いているのだから当然だ。

このとき、A課の担当者は同期であるB課の別の係のC係長を通じて、他のある事業に悪影響があるとB課長が誤解してストップをかけたことをつかみ、その懸念には当たらず、むしろ好影響があることを丁寧に説明して、事業のスタートにこぎつけたという。A課の担当者とC係長の長年にわたる個人的な関係が「パイプ」として機能

した例だ。

こうした個人的な「パイプ」は、個人的な互いの努力によって育まれたものだ。また、このため、人によっては、自分個人の強み・財産であるという意識が強くなる。そのためか、若手が新たに他の組織と関係を築こうとすると、「俺を通せ」「余計なことをするな!」とベテランがけん制してくる場合すらある。

しかし、実際のところ、個人的な「パイプ」は、それを持つ人が異動すると消えてしまう。だから、組織として「パイプ」を確保して太くしていく重要性を理解している管理職ならば、「個人のパイプ」に頼らず、組織と組織の「パイプ」をどう築くかに腐心している。このため、

「個人のパイプ」で仕事を進めるやり方は嫌われる

ことは知っているとよい。そうした管理職は、自分自身、さまざまな「パイプ」を持っているし、「パイプ」を開く力も強い。遠からず、組織的な関係が築かれて、「個人のパイプ」は無意味化するだろう。個人が頼られるのは最初だけだ。

だから、むしろ、

「個人のパイプ」を職場・組織につないでいく

ように努めよう。具体的には、自分が関係を築いたキーパーソンをどんどん職場に紹介していくことだ。すると、「パイプ」と「パイプ」がつながり、自分の「個人のパイプ」もより広く太いものになる。キーパーソンは次々に縁を求め、もたらすためだ。

納税課時代、懸命に他市の納税課や東京都主税局との「パイプ」を開くように努めた。武蔵野市の勝俣課長（当時）の発案で、近隣市の納税課長会が開かれるようになり、回数を重ねる中で管理職同士でホンネで話せる関係ができた。

それを広げて、実務担当者による会議を定例的に持つようにし、また、調布市の相良課長補佐（当時）が汗をかいてくださったおかげで、近隣市のうち4市で相互併任をして捜索等に協力する関係を作ることができた。こうなると、若手同士で自然につながっていくようになる。その関係は、担当者が、管理職が異動しても続き、より深い関係に育っていく。

そして、自分も異動先で、その中で培われた関係に助けられることが増えた。点の関係を線に、線の関係を面に、面の関係を立体的に育てていこう。それが財産になる。

⑥ 「語れる趣味」を持つ

タテマエ　趣味はプライベート。仕事とは関係ない

ホンネ　趣味は人間性を示し、仕事とは別の接点を生む

あなたには、今、打ち込んでいる趣味があるだろうか。

趣味があることは、あなたの人生を、その楽しみを豊かなものにしてくれる。ただ、ここで趣味論を語るつもりはない。趣味を持つことが、公務員の「人付き合い」の上で、どう役立つものなのかを説明したいだけだ。

そう偉そうに言う私の趣味は、結局のところ、仕事だと思う。幾つかの趣味があるが、市役所での仕事が一番面白い。面倒なこともあるけれど、リアルな仕事の手応えは、ゲームなどでは味わえないものだ。ただ、それでも、歴史、食べ歩き、ワインと

日本酒、旅行、特にキャンピングカーでの気ままな車旅と家族で毎年行くスキーといった趣味は、「人付き合い」の上でも大いに役立っている。

職場で、そして公務員同士の「人付き合い」の中で、趣味を語る職員はあまり多くない。野球とかサッカーの話は比較的出やすい。テニスやバスケットボール等を職場の仲間とやっている人もいる。しかし、そうした話題は、親しい人同士だけに限られる。だから、他団体の人や市民その他の関係者の見えるものとはなりにくい。

だが、仕事の関係だけでは「人付き合い」は無味乾燥になってしまう。広く豊かで深いものには育ちにくい。それは人間性が見えにくいからだ。仕事の関係を「人付き合い」に育てるには、自分の人間性を見せること、相手の人間性を知ること、つまり、「仕事相手」としてだけではなく「人と人として付き合う」ことが不可欠である。

このため、

趣味の話を自分の人間性を見せるネタとして使う

とよい。その意味で「語れる趣味」であることが大事となる。どんなに自分が打ち込んでいる趣味でも、他人が全く興味を持たない話ではネタにならない。

例えば、国内旅行の話は、人と人の距離を縮める上で使いやすい。ある自治体の職員と話すときに、また、地方から転入してきた市民の方と話すときに、その地域での体験を話せれば、大きな共通項になり、「人付き合い」の架け橋となる。

ただし、あくまで「人付き合い」のネタだから、

自慢話として趣味の話をしない

ことは鉄則だ。例えば、私はワインが好きだ。特に資格は持っていないが、小さなワイン会を主宰して20年近くとなれば、知っている蘊蓄《うんちく》もある。飲んだワインも訪ねたワイナリーもそれなりにある。けれど、問われなければ、その話はしない。問われても、長々とは話さない。

一緒に食事等をした誰かが話すのに合わせて、「とてもいいですね！」とその話を引き出すように聴く。あえて言えば、その人の自慢話の貴重で面白い部分を支えて聴き、気持ちよく話せるようにする感じだ。「人付き合い」においては、ワイン自慢ではなくて、ワインの話が気持ちよくできる相手として理解されることが大事である。

そして、こうした会話をすることは、

仕事以外の面、特に教養をさりげなく示す

ことにつながる。

ワインの例を続ければ、ある高価な銘醸ワインの話となったとする。そうしたときに、そうしたワインを飲んだ／おいしかったという相手の話を受けながら、そのシャトーのエピソードをちょっとだけ「聞いた話」として付け足したりする。すると、高いワインを飲んだというだけの話ではなく、そのワインの貴重さも踏まえた文化的な話となる。付け足す内容のバランスが大事だが、30代後半ぐらいからはそうした会話ができることも大事になってくると思った方がよい。

趣味の話から「人付き合い」が始まり、深まることもある。むしろ、公務員の「人付き合い」は、仕事の関係だけに立脚するのは危険だ。仕事抜きで、趣味でつながっているような「人付き合い」もバランスよく持っていた方がよい。そのためには、趣味の失敗談がネタとしては使いやすい。例えば、旅行話などは、旅先でのトラブルこそがネタになってくる。意外な自分の一面を見せるネタを仕込んでおこう。

第10章

研究者・学会・出版社等との付き合い方

①　「語れる仕事」をストックする

タテマエ　仕事は与えられたものを全力でこなす

ホンネ　仕事のノウハウを組織の経験知にする

公務員として普段働く中で、普段はそれほど研究者・学会・出版社等との「人付き合い」の必要性を感じることはないのかもしれない。

しかし、審議会等を担当すれば学識経験者に委員をお願いすることは必須となる。

また、アンテナを張っていないと学会の動向はなかなか分からない。仕事の中で得た知見をまとめて、業界誌に寄稿したり、単行本として出版したり、講師を務めたりすることは、仕事を通して得られた知見を共有して、業界全体へ還元していくためにも重要だ。何よりそうした他流試合を重ねることは、大変な自己研鑽《けんさん》になる。得られた知見の共有、業界への還元、そして、自己研鑽のために、研究者・学会・出版社等との「人付き合い」をしていこうと思ったら、

自らの「語れる仕事」を数多くストックしておく

ことが必要である。「語れる仕事」があるから、その知見を発表し、業界へ還元し、それによって自己研鑽を重ねていく。そのために研究者等との「人付き合い」が役立つわけだが、逆もまた然りである。さらなる自己研鑽等に向けて研究者等との「人付き合い」をするためには、自分に「語れる仕事」があることは大前提となる。

「語れる仕事」には三つの側面がある。一つ目は「人が聴くに値する価値ある仕事」ということ、二つ目は「再現性のあるノウハウを含む仕事」ということ、そして三つ目は「語っても大丈夫な仕事」であることだ。どんなにすごい仕事でも、それが特別な名人芸であれば、聞いても仕事に役立てることはできない。個人情報を含んだり、

相手との信頼を損なう危険がある内容を語ることはできない。「語れる仕事」は、知見の共有・業界への還元のためのものであるから、この三つを満たす必要がある。

そして、「語れる仕事」となったとき、つまり、説明できるノウハウとして理解して、それを職場において語れるようになったときには、

個人の業務経験が組織の経験知として蓄積される

ことになる。そのためには、与えられた仕事をただこなすことを卒業し、より主体的に業務を深く学び、業務経験のポイントを意識して言語化していくことが不可欠だ。

私は、納税課時代にメンバーと共に、市税収納率の向上等に取り組んだが、なぜ収納率を改善することができたかを、もちろん自分なりに説明することができる。端的に言えば、納税課の使命を改めて設定して共有し、収納率の飛躍的改善のための戦略を立て、目標管理・進行管理・事案管理を進め、仕組みを整える中で職員が徴収技術の向上に主体的に取り組んだからだが、こうしたことは漫然と取り組んでいても「独りでに」分かることではない。

意識的に計画・仮説を立てて検証しつつ取り組む中で、失敗からも学び、だんだんとポイントがクリアに理解されるものである。

こうした「語れる仕事」を幾つもストックして、それを周囲に語っていこう。語る中で気付きもある。「その通り」「ちょっと違うのではないか」といったフィードバックを受けることもできる。そして、ここが「人付き合い」のポイントだが、

「語れる仕事」を持つ仲間ができ、切磋琢磨《せっさたくま》できる

ようになる。当たり前の話だが、仕事の愚痴しか言えない人とは、高いレベルの仕事のノウハウや理論を共有し、磨き合うことはできない。同じく、自慢話しかできない人とも、その要因等を分析して共有することはできない。もちろん、「人間だもの」、愚痴も自慢も言いたくなるのは仕方がない。しかし、自己啓発の友ではない。

私の経験では、「語れる仕事」は、語る中で、または、語ろうとする中で見いだされ、磨かれるものだ。漫然と仕事をしているだけは分からない。そして、自分一人の中で考えていても、共有できるノウハウにはならない。語る中で、共有すべきノウハウのニーズも分かり、共有するための論理・データ・言葉遣い等のポイントも見いだせるものである。そうでないと、「語った仕事」は独りよがりなものとなる。

だから、受け持った仕事をやり切る中で、その一つひとつを「語れる仕事」としてまとめていこう。その意識と仲間を持てるか否かが、出発点となる。

②「学会」に足掛かりを築く

タテマエ 理論・研究は研究者の仕事（公務員には関係ない）

ホンネ 理論を知る学者と現場を知る公務員の学び合いが不可欠

私たち公務員の実務も、理論・研究を学びながら磨いていく必要がある。だから、公務に関わる各種の学会にも接点を持ち、最新の理論・研究を学んでいくことが大事だ。また、実務の批判に鍛えられた理論こそが必要であり、そのためにも、実務を知る立場として学会にもアンテナを張って、研究者と学び合っていくことが必要である。そうした学び合いの場を持たないと、研究者の問題意識を知り、実務にも役立つ「人付き合い」を重ねていくことはできない。ここで伝えたいことの結論を先に言ってしまうと、そういうことである。

しかし、理論・研究は実務とは別世界の話であり、公務員の実務とは関係ないと考えている公務員は多い。というか、ほとんどの公務員は学会での理論・研究には関心を払っていない。何かあったときに、ネットで検索して調べる程度である。それでは研究のことも、何よりその研究を行う研究者のことも分からない。研究者とは、もちろん研究をプロとして行う人のことだ。だから、

研究者との「人付き合い」では、研究成果だけでなくその問題意識を知ることが大事である。そのためには、その研究者の研究論文を読み、それを土台に議論できることも必要になる。

小金井市では、２０１１年に策定した第４次基本構想・前期基本計画の策定に際して、長期計画審議会の学識経験者の御一人として法政大学の武藤博巳教授に委嘱した。武藤先生は、第３次基本構想を策定した際にも本市の長期計画審議会の会長を受けていただいていたのだが、最初、ご多忙なこともあって委員就任にはあまり興味はない様子だった。実際、多くの自治体・機関から協力の打診を受けていらした。

その中で、最終的に委員を受けていただいたのだが、どうやって口説いたかと言えば、「二度にわたって10か年計画である基本構想の策定委員をなさる機会はなかなか

ない。第3次基本構想の総括と、その上での次期基本構想の策定に関わることは、先生の御研究にとっても大きな意味を持つだろう」ということをご説明したからだ。武藤先生が恩師の松下圭一先生の考え方も踏まえて、自治体における計画行政の重要性について特段の熱意を持って取り組んでいらっしゃることを、私たちも勉強して理解していたからでもある。

このような研究者との「人付き合い」を重ねるには、小規模な研究会での近い関係の学び合いが一番である。しかし、なかなかそういう場に参加する機会はあるものではない。一方、学会の大会にいきなり一人で参加してみても、空中戦が繰り広げられているように感じられるばかりだろう。このため、

知人をツテに学会の大会に顔を出してみる

ところから始めるとよい。

私が初めて行政関係の学会に参加したのは、2007年8月に開催された第21回自治体学会（京都・舞鶴大会）だった。関根久雄さん（所沢市）に誘われ、案内していただく中での参加だった。おかげで、前日の全国自治体政策研究交流会議では、多くの方と知り合い、お話を伺うこともできた。「少しのことにも、先達はあらまほしき

事なり」（徒然草）である。

もし、あなたが大学院に通うことができれば、それが一番強力な足掛かりとなるが、そうでなくても、周りを見回してみよう。「人付き合い」の幅を広げていれば、どこかに大学院で学んだ知人がいるはずである。その人は学会にも多くの知人がいるので、そこから研究者との「人付き合い」を作っていくことができる。一番オーソドックスなことは、仕事の中で知り合った学識経験者等と「人付き合い」を重ねることだ。

なお、研究者との「付き合い方」で大事なことは、

常に現場を知る立場から理論・研究を見つめ直すこと

である。研究者の方々は、理論や統計に詳しい。しかし、現場のことはあまり知らない。自分が自治体の現場において、見聞きしてきた実体験を元に、理論・研究を見つめ直すと、そこに説明し切れない点を見いだすことができる場合がある。

「先生、現場では●●というようなことが起きるのですが、それはどう理解したらいいですか？」そう問題提起してみよう。そうした学び合いが研究者にとっても刺激となる。

③ 「寄稿依頼」は基本的に受ける

タテマエ 業務外のことなのでお断りする

ホンネ 書かなければ、文章は上達しない

長年、公務員として働く中では、業界誌等への寄稿依頼が来ることがあるだろう。そういうとき、あなたはどうするだろうか。

現実には、業界誌等へ寄稿した経験がある公務員は一握りである。職場によっては、仕事の成果を文章にまとめ、寄稿していくよう奨励しているところもあるようだが、ごく少数である。だが、持ち回りの記事等も含めて、結構、寄稿の依頼や、何か記事はないかという照会はあるものなのだ。

ほとんどの職員は、そうした機会をスルーしているのである。あまりに自然にスルー

していることで、そうした機会が幾つかあったことにすら無自覚だったりする。

若手に話を聴いてみると、よく返ってくる答えは、

もっと上の人が書くべき／文章に自信がない

というものだ。本当のところは、担当業務ではない、面倒だから受けたくないという気持ちが見え隠れする。しかし、もし本当に大事だと思うならば、

まず書いてみる。書く中でだんだん上達するもの

なのだから、まずは書いてみることだ。誰にでも最初はあり、最初から達意の文章が書ける人などいない。だから、やらなければ、一生苦手なままである。

私が入所5年目、国民健康保険税徴収担当だったとき、東京都国民健康保険団体連合会が発行する機関誌『東京の国保』で、加盟自治体の職員によるリレー記事を書く番が小金井市となった。職員の素顔が見える趣味のことなどを書けばよい気軽なコーナーだった。

しかし、当時20人を超える国民健康保険係の職員のうちで、記事を書こうとする人はいなかった。それで、T係長の差配で私が書くことになった。我ながら、あまり中

身のない文章だったが、「見たよ」という反響が知人から返ってきて、それが励みになったものだった。

先にも書いたが、東北ＯＭ（東北まちづくりオフサイトミーティング）を主宰する山形市の後藤好邦さんは「頼まれごとは試されごと」と言っている。「試される」のが嫌だから、書かない人が多いのかもしれないが、その緊張感の中で上達もするし、ものだ。

「あの人に頼もう」と思う方が増え、機会ができてくる

私が最初に書いた、ある程度中身のあるレポートは、財政分析についての勉強会の研究成果であった。会を代表してまとめたものを２０１４年に月刊『地方自治職員研修』に寄稿させていただいたものだが、そこからは気が付けば、毎年何かを寄稿し、または執筆依頼をいただいて掲載していただいている。

書く人に機会は集まり、書かなければずっと機会はないまま

なのだ。書く中で、編集者の方々との「人付き合い」も始まり、深まっていく。

もちろん、私も最初の頃は、かなり緊張した。今も、寄稿・連載であれば原稿料、

本であれば印税をいただいて書いているので、それなりのプレッシャーを感じながら文章を書いているわけだが、やはり最初はよく分からないから大変である。

上達にはコツがあって、

編集者の校正や助言をどんどん受け入れること

だと思う。書き手の中には、自分の文章に手を入れられることを嫌がる人は少なくない。私も最初は抵抗があった。しかし、編集者こそが多くの文章を売り出してきたプロなのである。

書くべき内容（コンテンツ）は書き手の中にあるとしても、また、文章表現は書き手のものだとしても、読まれる文章（売れる文章）がどんなものかは、その道のプロである編集者が分かっている。その助言を聴く中でだんだんと文章が読まれるものに磨かれていく。

だから、繰り返しになるが、書く機会は生かすべきである。私たち公務員が発信のために書く文章は芸術としての文学ではない。しかも、編集者の支援もある。機会と回数で上達の度合いは決まる。

④ 「テーマ」を持って書きためる

タテマエ　公務員の仕事は組織で行うものである

ホンネ　「テーマ」を持って書く中で内容が深まっていく

私はこれまで縁に恵まれて3冊の本を上梓したからだろう、「どうやったら本を書けるのか」という質問をよく受ける。

質問した人の話をよく聞いてみると、その質問には二つの意味があって、一つは「本に書く内容（コンテンツ）が自分にはない」ということであるらしい。

「公務員の仕事は組織で行うものだ。個人として仕事をしているわけでもないので、特に本になるような内容は自分の仕事にはない」と言われたこともある。心底そう思うならば、「どうやったら本を書けるのか」なんて質問もしないで、組織の一部として淡々と仕事をすればいいと思うのだが、飽き足らないものを感じてもいるのだろう。

私は、誰にでも書くべき内容（コンテンツ）はあると思っている。誰にでも自分だけの経験、特に他の誰かにとって面白かったり、役に立つような経験があるからだ。

ただ、それが本になるためには、ある程度まとまった質と量が必要であり、忙しい毎日の中で経験をまとまったものとしていくことが難しいのだと思う。

忙しい日々に流されず、書くべき内容を蓄積し、磨いていくためには、何より、

テーマを持って自分のさまざまな知見や経験を書き溜めておく

ことが重要である。私の文章も、日記やノートが下敷きとなっている。必ずしも、書くときに読み直すとは限らないが、日記やノートに書くことで記憶が定着されているのだと思う。ただ漫然と書き溜めるのではなくて、自分なりのその時々におけるテーマを持って書いておくと、内容がだんだん深まっていく。

そして、冒頭の質問の二つ目の意味は、どうやったら出版社から商業出版できるかという意味だった。もちろん、そのためには、

出版社が自社の本として出版したい／出版して利益が出る

と思うことが不可欠である。もう少し具体的に言うと、企画書を編集者が提出して出版社内の企画会議で通らなくてはならない。

出版の意義・ターゲットとする読者層・類書との差別化・構成（目次）をまとめた企画書の出来も大事だが、それだけでなく、本当に文章を期限までに書き終えられるかも見られている。何よりもまず、読まれる文章が書けるかは、編集者が企画を企画会議で通す上でとても大事なことだ。このため、サンプルとなる文章をある程度書いて添付する。

さて、その上で、編集者との「人付き合い」として気を付けるべきことは何だろうか。第一には、

編集者を出版に向けたパートナーと考える

ことだ。編集者こそ、売れる本をつくる編集のプロであるという敬意を忘れないことである。

編集者が良い本をつくるためにリクエストをしてきたときには、それをしっかりと受け止めることだ。自分の思いのこもった企画・構成・文章に手を入れられることに最初は抵抗を感じるかもしれないが、それを乗り越えないと売れる本にならず、出版

社に迷惑を掛けることになる。

また、編集者が企画を企画会議で通していくための武器を一緒に考えて用意していくことも大事だ。

私が最初の本となる『公務員1年目の教科書』の企画を出版社に出したとき、最初の企画会議では通らなかった。1年目の職員がわざわざ本を買うかどうか分からないという理由だった。このため、マーケットリサーチのために、50人の知人に企画を見てもらい、「この本を買いたいか」「新人に勧められるか」と聞いたところ好反応だった。それを武器に、次の企画会議に臨んで、無事に企画が通ったのである。また、企画段階での読者リサーチが、その後、その出版社ではたびたび行われるようになった。

テーマを持って書き溜め、本の企画をまとめる中では、

求められる内容、書きたい内容、書ける内容の三つの輪を考える

ことが大事だ。原点は求められる内容、すなわち読者が金を払ってでも読みたい内容は何かだ。それに自分が書きたい内容、書ける内容を重ねていけるように努力しよう。

第11章

異業種・ネットでの付き合い方

① 異業種は「違い」を面白がる

タテマエ　公務員と民間とは違う

ホンネ　「違い」の中から理解と気付きが生まれる

ビジネスパーソンの間では、異業種の交流会や勉強会が盛んだ。

しかし、そうした場に出て行く公務員は少ない。それどころか、公務員同士の交流会や勉強会に参加する職員すら圧倒的に少数派であるのが現実である。

なぜそうした場に参加しないのかと若手に聞くと、よく出てくるのは「公務員と民間は違う」という話だ。違うのだから、そうした場に出ても学ぶことはないということなのだろう。「そうした機会がない」という話もよく出るが、その場合も、結局のところ、そうした機会を自ら積極的に求めてはいないということが多い。

だが、わざわざ異業種の交流会・勉強会に参加しなくても、

市民は公務員以外の職業の人ばかり

なのである。それに、「公務員と民間は違う」と言いながら、

公務員と民間の違いを理解している職員は少ない

のが現実である。近年では経験者採用も増えてきたが、新卒で採用され、そのまま自治体で定年まで働き続ける人が圧倒的な多数派であるのだから当然だ。

もっとも、民間でも新卒雇用による「就社」がまだまだ多いから、自分の会社のことしか分からない人は少なくない。しかし、公務員よりははるかに転職も多く、異業種との接点も幅広い。より幅広い視点で働き方を理解・経験している人が、公務員より多いのは間違いないところである。異業種の交流会・勉強会に参加していく公務員が

まれであることも、民間で働く人にとって公務員を分かりにくくしている一因である。実際、私はある異業種の勉強会に公務員に転職する前から参加しているが、「公務員はこうした場に出てこないから分かりにくいんだよな」と言われたことが再三ある。

さて、異業種の交流会・勉強会の良いところは、何より、

発想や経験の違いから大きな理解と気付きが生まれる

ことだ。異なるからこそ、互いの職業、特に自分の職業柄による考え方の癖に気付くことができる。それによって公務員という職業の特色も深く理解することができる。

例えば、民間で働く方にとっては、公務員の言う「調整」が分かりにくい。「交渉」との違いを他業種の人に説明するのは簡単ではない。また、発生主義な民間の会計とは大きく異なる予算の仕組み、特に補正・流用の制約の厳しさも理解されにくい。

こうした感覚も、異業種との接点を持てばこそ持ち続けることができる。公務員として長年働く中でそうした感覚も薄れてしまうし、まだまだ自治体は「お力ミ」なので、こちらが若干ずれていても、役所での市民・学者等とのやりとりでは、それで何とかなってしまう場合が多い。その傾向は、中堅・ベテラン・管理職となるほど強く、より組織内部の文化の枠内で終始しがちである。

私の経験では、異業種の交流会・勉強会に参加する公務員は、全体としては少ないながらも、その中では若手が多いという印象だが、

ベテラン・管理職こそ異業種の交流会・勉強会で得るものは多い

と感じている。自分の中にあるズブズブの公務員文化をリセットしてくれるからだ。

そのとき大事なことは、

「違い」を面白がること

これに尽きる。「違うから」と片づけないで、どこがどうしてこれほどまでに違うのだろうかと不思議がってみるとよい。そうすると逆に、働く者として同じところに気付くものである。

中間管理職としての悲哀（？）は、やっぱり民間も同じで、「あるある！」とよく盛り上がる。「人付き合い」の大切さも、それが仕事の成果に大きな影響を与えるところも同じである。

②「つながり」の中で自分の評判をつくる

タテマエ　人脈は1対1の関係の積み上げである

ホンネ　「つながり」の中で自分ブランドを形作っていく

公務員は「つながり」の価値をあまり活用できていないと感じるときがある。

私自身も含めてだが、人脈と言ったとき、その多くは直接的な1対1の関係の積み上げであり、「人脈を活用する」と言っても、知人、せいぜい知人の知人から、仕事に役立つ情報を収集する程度の場合が少なくないからだ。

もちろん、そうした側面は人脈の大きな効用の一つだが、人脈の効用はそれだけではない。人脈が仕事の上で最も大きな意味を持つのは、

人脈の中で自分が評価されて位置付けられる

ということだと思う。これは、公務員の世界においても、地域にあっても同じである。

これだけではピンとこないかもしれないので、言い方を変えると、

あなたというブランドの価値は「人付き合い」の中で決まる

ということだ。自分のブランドを「人付き合い」の中で主体的に働き掛けて意識的に創っている人が、周りにいないだろうか。

納税課時代、当時の東京都多摩地域においては、八王子市の故 堂畑孝行さんのような「名物課長」「名物係長」たちが何人かいらした。そうした方々がなぜ市税徴収の実務に長けた逸材として知られていたかというと、徴収担当として活躍する都内を中心とする職員のネットワークの中で、「名物課長」等として一定の敬意を払われ、活躍が知られる人たちから話題にされていたからだ。

もちろん、TVの取材を受けたり、業界誌に記事が掲載されたりということもあるが、何より、その分野で活躍する「プロ」たち同士の「つながり」の中で認められた存在であったのだ。

自分自身もその第一線で活躍する「プロ」たちの目は非常に厳しい。そのため、

「プロ」に一目置かれていることが「保証書」

となるからだ。私も、小金井市納税課での挑戦的な取り組みについて、遠方の方々から問い合わせを受けたり、初対面の方から「ご活躍は伺っています」等とごあいさつをいただいたりしたが、そうした評判はその筋のネットワークの中で伝えられていったものだった。

では、その筋の「つながり」の中でそうした評判を確立していくためには、どのようなことをしていく必要があるだろうか。それはズバリ、

まずは、その分野で活躍する「プロ」とつながっていくこと

に尽きる。まずはそうした方々に注目してもらえなければ始まらないからだ。

その分野で活躍する「プロ」につながっていく一番簡単で効果的な方法は、直接会いに行って教えを乞うことである。多くの人は、さまざまな貴重なノウハウを快く惜しげもなく教えてくださるだろう。本物の「プロ」は自分の能力と実績に自信を持っている。だから出し惜しみをしない。教えていただいたことを実践して、その結果を

区切りごとにご報告していこう。

こうした関係を築きつつ、あなたの人柄と仕事ぶりがその方の眼鏡にかなえば、その筋において「面白い奴がいる」という話になっていくものだ。実務の向上においても高い効果があり、一石二鳥である。その際には、何より相手に敬意を払い、礼儀を守ることだ。こちらは入門を志願した弟子なのである。

このときに、とても大事なことは、

「プロ」による見極めは、実績は当然として「人物」重視

だということだ。結局は、その人物が、誠実で高い意欲・能力・倫理観を持つ人物であるかということなのだ。実績だけでは、良い評判とまではなっていかない。もし、ある「プロ」が注目して育てた人物が、人物としては問題があったならば、それはその「プロ」自身の評判に関わってきてしまうからだ。

だから、「つながり」の中では、自分がどんな人物として評価・紹介されたいのかをよく考えて、それにふさわしい言動を心掛けよう。その見返りは確実にある。

③

「ブログ」はコツコツ書きためる

タテマエ 個人の「ブログ」で仕事のことは書かない

ホンネ 「ブログ」で自分の「語れる仕事」の需要をつかむ

公務員では、個人の「ブログ」はやらない／やっていないという人が多い。やっていても、仕事のことは触れない／書かないという人が大半だ。

守秘義務に厳重に注意しなければならないのはもちろんだが、ネットで炎上したとき、場合によっては信用失墜行為として問題になることも考えられる。「君子危うしに近寄らず」というわけだが、必要性を感じていないのが本当の理由だったりする。

私が「一歩先行く市役所職員となるための仕事術」というブログを書き始めたのは、2012年の1月のことだ。それ以来、現在までに120を超える記事を書いている。

内容は、公務員となった知人の息子さんに向けて手紙で書いた形の「手紙で綴るアドバイス」、公務員関係を中心としたおススメの本の「読書ガイド」、そして拙著や連載等の補足記事といったところだが、おかげさまで月間のアクセス数は1万5000件前後になる。

ブログは数千・数万という目で見てもらえる貴重な場なのである。

日常的に仕事をする中では、そんな機会はなかなかないのだから、仕事の上でもぜひ活用したい。ちなみに、拙著『公務員1年目の教科書』（学陽書房　2016年）を書くことになった縁は、拙ブログを編集者の方が見て連絡をくれたことだった。意外に多くの人、それも感度の高い人が見ているものなのである。

ブログを書くときに、私が注意しているのは、

担当業務の直接的な話／誰かのマイナス評価になる話は書かない

ということだ。その方が読者に見てもらえるということもあるが、

自分の知識やノウハウを発信し、その価値を確かめる場

として活用するのがよいと考えているからだ。

端的に言えば、アクセスの多さは、その情報に対する需要を示している。これに加えて、その情報に希少性があり、それを分かりやすく、自分という個性を加えて提供していくことができれば、それが価値となる。

なお、「語れる仕事」と同じく、いや、それ以上に、①個人が特定されず、②機密には触れず、また、③内外の信頼性を損なわず、それでいて、④一定の具体性を持つ参考になる内容となるように注意しよう。

さて、ブログはネット上で公開され、不特定多数の人が閲覧できるものであるから、「人付き合い」の観点でそのポイントを説明するのは少し難しい。しかし、私は、

ブログの記事は具体的な読者層をイメージして書く

とよいと考えている。そうすれば、一つひとつの記事のメッセージが明確になるし、分かりやすくて響く表現となるように工夫するのも、また、失礼だったり不快に感じられる表現のチェックも、具体的に考えることができる。

そのために簡単でおススメな方法は、その読者層のイメージにマッチする知人・友人に実際に見てもらい、フィードバックをもらうことだ。私も、ブログを書き始めた当初は、数人の方にお願いして見てもらっていた。耳の痛い意見こそ参考になる。お願いする人は、ある程度、年代・性別・趣向等が異なる複数の人にお願いするとよい。すると、関心や見方の違いによる受け取り方や反応の違いがよく分かる。

なお、ブログには連絡先としてフリーアドレスでいいので、メールアドレスを載せておこう。なかなかブログのコメント欄に感想等を書いてもらえないものだが、メールやメッセンジャーでは感想・質問をいただけるものなのである。私の場合、月に10件以上にはなる。感想等のメッセージをもらったら、

すぐに返事を書き、幾つか質問してみる

とよい。すると、より具体的なフィードバックを得ることができる。

大事なのは、ブログのある内容がなぜその人に響いたかだ。そのためにはその背景を伺う必要がある。

④「ＳＮＳ」は時間を決めて行う

タテマエ　ＳＮＳはコミュニケーションツール

ホンネ　ＳＮＳは個人ブランドの構築ツール

今、ＳＮＳ（Social Networking Service）を使っていない人はいないだろう。あなたが使っているのは、ＬＩＮＥだろうか？　それともＴｗｉｔｔｅｒ？　またはＦａｃｅｂｏｏｋ？　はたまたＩｎｓｔａｇｒａｍだろうか。ほかにも、名刺管理からコミュニケーションに使えるＥｉｇｈｔや、議論を重ねるのに便利なＳｌａｃｋ等、さまざまな特徴を持ったＳＮＳやツールがある。

しかし、公務員の場合、仕事での活用は、気の合った仲間とのやりとりにＬＩＮＥを使っているという程度の人が多い。ＳＮＳは、コミュニケーションのためのツール

ています。その人らしい、その人なりの公務員キャリア（仕事と人生の道筋）を描き、切り拓こうとする中で「人付き合い」を豊かにしていくことと、それを支援していくことが必要だと考えています。

ぜひ皆さんが公務員としての「人付き合い」を楽しみ、広げて、その役割を果たすとともに、自らのキャリアを豊かなものにしていけますように。本書がその一助となればと願います。ご感想をお寄せいただければ幸いです。

公務員にとって「人付き合い」が重要だと思いつつ、それが苦手な私は本書の執筆にはかなり苦労しました。本書が形となったのは、辛抱強く支えてくださった株式会社時事通信出版局の坂本建一郎さん、松永努社長のおかげです。また、本書の推薦文を、新たな自治体経営をリードされ続ける元三重県知事・早稲田大学名誉教授の北川正恭先生と、自治体職員をつなぐ「人付き合い」の達人である山形市職員の後藤好邦さんにお願いいたしました。お忙しい中を応じていただき、感謝しております。

そして最後に、いつも支えてくれる妻の真理子と長男の遊馬に感謝を捧げます。

2019年2月28日

東京都小金井市の自宅にて　堤　直規

【著者紹介】

堤　直規（つつみ・なおただ）

東京都小金井市企画財政部行政経営担当課長。キャリアコンサルタント（国家資格）

東京学芸大学教育学部卒業、同大学院社会教育学専攻修了。東京学芸大学教育実践総合センター（当時）の技術補佐員（教育工学）を経て、2001年に小金井市役所に入所。行政管理課情報システム係、保険年金課、企画政策課、納税課を経て、2016年４月から現職。東京都市町村職員研修所「政策プレゼンテーション」研修内部講師。著書に、『公務員１年目の教科書』『公務員の「異動」の教科書』『公務員の「出世」の作法』（いずれも学陽書房）。

公務員《こうむいん》ホンネの仕事術《しごとじゅつ》 ～「人付《ひとづ》き合い」は生存技術《サバイバルスキル》～

2019年3月28日　初版発行

著　者：堤　直規
発行者：松永　努
発行所：株式会社時事通信出版局
発　売：株式会社時事通信社
〒104-8178　東京都中央区銀座 5-15-8
電話03(5565)2155　https://bookpub.jiji.com/

装丁　大崎奏矢
本文デザイン　梅井裕子（DECK.C.C.）
編集担当　坂本建一郎
印刷／製本　中央精版印刷株式会社

ISBN978-4-7887-1603-2　C0031　Printed in Japan
落丁・乱丁はお取り替えいたします。定価はカバーに表示してあります。
★本書のご感想をお寄せください。宛先はmbook@book.jiji.com